ÉRIC KAYSER

メゾンカイザーの
パンレシピ

とっておきのパン＆ヴィエノワーズリー95のレシピ

Le Larousse Du Pain

Direction de la publication: Isabelle Jeuge-Maynart et Ghislaine Stora
Direction éditoriale: Catherine Maillet
Édition: Ewa Lochet, avec la collaboration de Laurence Alvado, Amandine Brouard et Joëlle Narjollet
Direction artistique: Emmanuel Chaspoul
Conception graphique: Émilie Laudrin
Mise en page: Sophie Compagne / Albert & Cie
Stylisme objet: Marguerite Boiteux
Stylisme culinaire: Audrey Cosson
Fabrication: Anne Raynaud
Couverture: Émilie Laudrin / Véronique Laporte
L'éditeur remercie Delphine Blétry et Madeleine Biaujeaud pour leur contribution à cet ouvrage.

This Japanese edition was produced and published in Japan in 2016
by Graphic-sha Publishing Co., Ltd.
1-14-17 Kudankita, Chiyodaku,
Tokyo 102-0073, Japan

Japanese translation　2016 Graphic-sha Publishing Co., Ltd.

Japanese edition creative staff
Editorial supervisor: Shuichiro Kimura
Translation: Rica Shibata
Text layout and cover design: Rumi Sugimoto
Editor: Masayo Tsurudome
Publishing coordinator: Takako Motoki (Graphic-sha Publishing Co., Ltd.)

ISBN 978-4-7661-2905-2 C2077
Printed in Japan

ÉRIC KAYSER

AVEC LA COLLABORATION DE JEAN-PHILIPPE DE TONNAC
PHOTOGRAPHIES DE MASSIMO PESSINA

メゾンカイザーの
パンレシピ

とっておきのパン＆ヴィエノワーズリー95のレシピ

エリック・カイザー　著

ジャン=フィリップ・トナック　協力
マッシモ・ペシーナ　写真
木村周一郎　監修

Sommaire

目次

＊各レシピに記した発酵時間やオーブンの温度、焼成時間などは目安
　です。生地の状態を見ながら調整してください。
＊各レシピの材料表に記した分量は、大さじ1＝15ml、小さじ＝5ml
　です。
＊本書のレシピは室温（24〜27℃）での作業を前提にしています。
＊各レシピの手粉や打ち粉は、指示のある時以外、小麦粉（タイプ65、
　分量外）を使用しています。

Avant-propos

はじめに

20年ほど前から、フランス人はパンを"再発見"しています。

　それは、どんなパンでもよいというわけではなく、優れたブーランジェ（パン職人）たちが製粉業者の協力を得て、今日それぞれの店で提供しているパンです。ルヴァン（発酵種）を使ったパン作りへの取り組み、クオリティの高い粉の選択、伝統を守りながら現代の技術を取り入れ、そして創意工夫を重ねて……。これらが実を結び、私たち消費者に目を見張るほどの原点回帰を促しています。魂のこもっていない工場製品をよしとしないのは、自分たちの食べるパンが、何からどのようにできているかを理解したいと願う、新時代の消費者たちの固い決意によるものでしょう。本書では、こうした期待に応えられればと願っています。

　おいしいパンの探求と家庭でおいしいパンを作りたいという願望の間には、1つのステップしか存在しません。フランス国内外で絶大な評価を得ているブーランジェ、エリック・カイザーは、みなさんにそのステップを越えて欲しいと願っています。ルヴァンによるパン作りに挑戦させようというのです。

　すでにオーブンをお持ちなら、材料をそろえるだけですぐにパン作りが始められます。手でこねるのが面倒なら、電動の卓上ミキサーの購入をおすすめします。よい素材を使えれば、おいしいパン作りの半分以上は成し遂げられたようなもの。あとは、本書のフォトグラファー、マッシモ・ベシーナが適切にとらえた工程写真に1歩ずつ従うだけです。

　またエリック・カイザーは、フランス国内外で多くの店舗を展開するなか、工房で夜なべも厭わずパン作りに励むブーランジェたちから、常にたくさんの質問を受けます。生地に手を触れながらパンとは何かを発見したいという、彼らの願望を満たすために、本書でエリック・カイザーの意思を伝えたいと考えています。

　彼は言います。「今日、人々は本物を供するよう努めています。ごまかしのきかない方法で作られたパンであるなら、この本物という概念をパンほど伝えられるものがあるだろうか」と。

Au nom du pain

パンという名のもとに

アルザスにルーツを持つ、
代々ブーランジェの家庭に生まれて

　私の家族は、フランシュ＝コンテのリュールに店を構えており、私はそこで父からパン作りという仕事について学びました。子供のころは、工房で父と過ごす時間が大好きでした。大人になったら自分も父のようになるのだと、いつも将来を思い描いていました。"旅"というワクワクするキーワードを、パン作りに結びつけていたとも言えるでしょう。父は楽しそうに仕事をしていましたが、同時に工房に独り閉じこもる男のイメージを私に植えつけました。週に7日、休みなしで、しかも夜から働かなければならず、やる気に燃えることもあればうんざりすることもある……。それがブーランジェというものだと、幼いころから理解していました。それでも私の気は変わらず、まずは南仏のフレジュスのブーランジュリー（パン屋）「ジェラール・ルヴォン（Gerard Levant）」で見習いからキャリアをスタートさせました。ミキシングやルヴァンの仕込み、釜べらを使っての釜入れなどを学びながら、親方からブーランジェという仕事への愛を教わりました。当時は未成年者に対する週間労働時間の規制はなかったので、年中、午前1時前から働き始めたものです。みなで踊りに行く日には、「シンデレラのように真夜中の鐘が鳴る前に姿を消すから」と、当時のパートナーに事前に断りを入れねばなりませんでした。なぜかと尋ねられると、「ブーランジェだから」。それが私の答えでした。みなと同じように楽しめないのは、この仕事ゆえの不都合な点でしたが、めげることはありませんでした。

兵役でレバノンへ

　私は兵役の際に、いわゆるレバノン義勇兵として、国連レバノン暫定駐留軍（FINUL）のPKO活動に参加しました。この経験から、世界を知りたいという願望が強くなりました。そこでフランスに帰還すると、「コンパニョン・ド・ドゥヴォワール（職人組合）」に入ったのです。これは職人を目指す若者の技能習得を目的とした研修制度で、働きながらフランス各地をまわるというもので（通称"ツール・ド・フランス"）、旅をしながら技能を磨くのは、まさに私にうってつけでした。宿泊施設では他の職業の職人たちと共同生活を送るため、たくさんの規則に従いました。日々のスケジュールは、合計10時間、仕事先のブーランジュリーでブーランジェとして働き、さらに5～6時間の授業を受けたり、時には指導者として授業を行ったりしました。その他の共同生活での果たすべき義務については言うまでもありません。私は"ツール・ド・フランス"を4年行い、最後のパーティーでは、"フランシュ＝コンテの頑固者"という名前を頂戴しました。

他の人々と暮らし、シェアし、切磋琢磨する

　部屋に閉じこもってゲームに興じる現代の若者たちにおいて、これらは危機に瀕した価値観かもしれません。私はコンパニョン制度での共同生活を通して、うまくやりたいという欲や粘り強さ、素晴らしい仕事への愛を学びました。この経験から、見習いたちが世の中で自分を見失うことのないよう、そして人々に敬意を払い、また尊敬されるよう手助けをしたいという願いが芽生えたのです。私は人を信じています。道にすっかり迷った人でも、助けが得られるのならば、再び道を見つける手立てとなる"何か"があるはずだと思うのです。コンパニョン制度は今では女性にも門戸が開かれており、とても喜ばしいことです。私の時代には男性限定でしたから。すでに素晴らしい女性の石工やブーランジェール（パン職人）が育っています。

パンの講師として

　その後の数年、コンパニョン制度の機関から要請を受け、指導者として働きました。同時期に、ルーアンにある成人向けのブーランジェ養成学校「フランス国立製パン学校（INBP）」の依頼で、私はスタージュ（インターシップ）の指導も行っていました。そしてINBPの付属機関である見習い養成センター（CFA）で教鞭をとったあと、実際のプロのブーランジェたちを現場で指導する担当になりました。2〜3日かけて、どのように仕事を行っていくか、流れを教えるのです。自尊心を傷つけないように心を配りました。さまざまな経験によって、私の性格は鍛えられました。そんな折、同じくINBPの指導者だったパトリック・カスターニャ（Patrick Castagna、フランス国家最優秀職人賞受賞のブーランジェ）と私は、あることを確信しました。戦後、ルヴァンによるパン作りをやめたブーランジェたちが、またその手法に戻りたいと思っていても、どうしてよいか分からないのだと。私たちは、1992年、パンのコンサルタント事務所「パニ・ヴィクトール（Panis Victor）」を立ち上げ、フェルマントルヴァンと名づけた機械について検討しました。これは液体の自然発酵種"ルヴァンリキッド"を製造・管理できる機械です。ルヴァンを使うということは、製粉業者は古来種の小麦粉を提供できるということになります。それは、より上質ではありますが、収穫量という問題をなおざりにしています。畑からパン工房までの全段階を問題視せねばなりませんでした。私たちはスウェーデンのElectrolux社の製パン機部門とともに、フェルマントルヴァンのコンセプトを発展させました。これは、私たちの機械がうまく作動するか確認すべく、世界中を旅する機会になりました。フェルマントルヴァンは、1994年の製パン・製菓国際見本市「ユーロパン」で賞を獲得しました。

1996年9月13日、第1号店をオープン

　パリのモンジュ通り8番地に構えた第1号店は、父の工房の思い出から部分的にヒントを得ました。煉瓦の上にパン焼き窯が設えられた、昔のエピナル絵画に描かれたようなクラシカルなブーランジュリーを再現したかったのです。ビニール袋入りのくにゃっとしたバゲットが並んだ、スーパーの味気ない陳列棚のイメージを忘れさせるべく奮闘しました。ルヴァンによる発酵、適切なミキシング、きめ細やかな焼き、粉の品質にこだわったからこそ、複雑な香りを持ち、クラムがふわふわのフレッシュなパンに人々は立ち戻ることになったのです。私は今日、他の大陸に新たなパン工房を開き、フランスパンを知らない人々に味わってもらうために、飛行機で飛び回っています。パン生地に触れる機会が少なくなっているためか、工房に戻ってパン生地をこねたい衝動に頻繁にかられながら。

エリック・カイザー

Les principes de panification

パン作りの基本

Les farines

粉

クオリティの高い素材を使えるのであれば、あらゆる種類の粉からおいしいパンを作ることができます。パンはもちろんパン作りが好きなら、いろいろな粉を試してみたいと思うことでしょう。パン作りに慣れるには、まずスタンダードなフランスパン用粉（フランスで言うタイプ65をモデルにした粉）から始めることをおすすめします。

昔の粉と今の粉

パンの質は、まず素材の質、そしてどんな方法で作るかで決まります。農産物加工業界を揺さぶる問題はあとをたたず、私たち消費者は食の安全に敏感です。穀物栽培は第二次世界大戦以来、収益性といかなる場合にも品質面と栄養面の要求に応えてきました。選ばれたのは、ヘクタールあたりの生産性の高い小麦です。1970〜1980年代、フランスのパンは味わいを失っていました。しかし当時は、小麦、粉、パンの一連の流れは、警鐘を鳴らし、疑問に付されて終わったのです。

製粉業者は今日、かつてフランス各地で栽培されていたものの生産性の問題から忘れ去られた、様々な古来種小麦から生産した小麦粉を提案しています。こうした小麦粉は粉自体の色が美しく、栄養バランスも非常に高く、焼き上がりのクラムとクラストの色と香りも素晴らしいものです。また、小麦粉のタンパク質（グルテン）が気泡を作るわけですが、これらの粉から作られた生地はガミガミとした食感になることはありません。ここで決定的なのは、タンパク質のパーセンテージ（10〜12%）よりもクオリティです。フランスのメゾンカイザーが使っている粉の製粉業者たちは、合理農法（CRC／la culture raisonnée et contrôlée／環境に優しく、コントロールされた農法）を実践している農家と組んでいます。

オーガニックの小麦粉を選ぶ必要は？

私は当初、オーガニックの小麦粉を選びました。しかし価格があまりに高く、お客さまの購買意欲をそぐことに気がつきました。有機農法は害虫駆除剤も殺虫剤も使用しないので、他の受注条件明細書に従って耕作された、隣接する土地から発生する汚染をこうむるのではないかという疑念が私にはあります。合理農法は、不都合な点なしにオーガニックの長所を提供します。この農法が"理にかなっている"

のは、人々が原材料を選ぶことと、人々が製品の質と環境への配慮を保証する農法を選ぶからです。見識を示すことが重要です。虫を根絶することなく、健康を害する殺虫剤や害虫駆除剤を除去しながら、ヘクタールあたりの生産性が低くなることを受け入れる必要があります。より拘束力の弱い、ある意味ではより現実的なメソッドだと言えるでしょう。

どんな小麦粉を使ってパンを作る？

フランスのスーパーで初めて小麦粉を買ったら、その小麦粉からおいしいパンを作るのに悪戦苦闘することでしょう。フランスでは、アスコルビン酸とグルテン添加、認可された添加物を使用している可能性があります。小麦粉を選ぶ際には、ラベルをよく読むことです。酵素は理想的な発酵を助ける役割を果たすので入っていても構いませんが、他の添加物が入っているものは避けましょう。合理農法やオーガニックの粉を使用する長所は、正確な情報とトレサビリティ（追跡可能性）を確認できること。自分が何をこねているのか、つまり何を食べているのかが分かるわけです。

粉の種類

フランスで小麦粉は水分を除いた灰の量によって、「タイプ数」で分類されます。この率を測定するには、ごく少量の小麦粉を900℃で燃焼します。可燃性でないため、燃え残ったミネラル分、つまり「灰分量」によってタイプ数が決まるのです。私がおすすめする（特に指示がある時以外）タイプ65の小麦粉は、0.62〜0.75%の灰分量に相当します。

タイプ数が上がるにつれて灰分量が増え、粉の色は薄茶またはグレーっぽくなります。灰分が0.75%以上の粉（タイプ80、タイプ110、タイプ150）はますます希少になってきています。これらは外皮を丸ごと粉にした全粒粉なので、できれば全粒粉の場合、オーガニックか合理農法の粉を選びましょう。

軟質小麦はタイプ数についてより広く語られますが、スペルト小麦やヒトツブコムギ（一粒小麦）、あるいはライ麦など、他の穀類もタイプで分類されます。

小麦の原種であるスペルト小麦やヒトツブコムギを使ってパンを作る場合、粉のタンパク質が形成する網の目構造はデリケートなので、生地の扱いにはより注意が必要です。

日本での粉選び

　日本では「タンパク質の含有量（多い順に強力粉、準強力粉、中力粉、薄力粉）×灰分量」をもとにした等級の組み合わせで分類されます。本書では主にタイプ65（灰分量0.62〜0.75%）の小麦粉を使用していますが、日本ではタイプ65をモデルにした粉（フランスパン用粉）が作られており、入手可能です。またフランスで言うタイプ80以上の粉は全粒粉に相当します。本書で使用する主な粉のタイプと代用できる粉の一例は次の通りです[※1]。タイプは違っても、フランスパン作りに適した風味豊かな小麦粉や代用できる小麦粉はたくさんあるので、作りたいパンのイメージや好みに合わせて粉選びも楽しんでください。

小麦粉

＊タイプ55
「メゾンカイザートラディショナル」
メゾンカイザーが製粉会社と共同開発したオリジナルの小麦粉。クラムには大小の気泡が入り、クラストはカリッ。味わい深く香り豊かな、伝統的なフランスパンの味わいが再現できます。

「テロワール ピュール」
フランス産小麦100%使用。芳醇な味わいと食感はもとより、伸展性にすぐれた生地で、作業しやすい。奥深い味わいのパンに仕上がります。

「ルスティカ」
外はカリッと、中はもっちりとした、小麦粉本来の素朴な味わい。練り込みやすく作業性にもすぐれています。

＊タイプ65
「テロワール ピュール（上記参照）」

「レジャンデール」
タンパク質と灰分含有量が高い小麦粉。深い味わいと香りが特徴で、パン・ド・カンパーニュなど個性的なパン作りに向いています。

＊タイプ70
「レジャンデール（上記参照）」

小麦全粒粉

「レジャンデール」（以後、L）と、「スーパーファイン・ソフト」または「グラハムブレッドフラワー」の混合。「スーパーファイン・ソフト」（以後、SFS）は国産小麦100%使用の全粒粉で、外皮の粒子を普通の小麦粉のように細かい粒度に加工した、口溶けのよい味わいが特徴。「グラハムブレッドフラワー」（以後、G）は、硬質小麦を細粒化した小麦全粒粉（「レジャンデール」に関しては上記参照）。

＊タイプ80
L：SFS＝8：2

＊タイプ110
L：SFS＝1：1

＊タイプ130
L：SFS＝3：7もしくはL：G＝3：7

＊タイプ150
SFS：G＝3：7

＊タイプ170
Gのみ

ライ麦全粒粉

＊タイプ80
「メールダンケル」
最もポピュラーな色調の濃い高級ライ麦粉で、ヨーロッパタイプ、アメリカタイプなど、あらゆるライ麦パン作りに使えます。

＊タイプ130
「アーレファイン」
細挽タイプの全粒粉。ライ麦のナチュラルな風味と栄養をそのままに、ボリュームのあるソフトなパンに仕上げます。

＊タイプ170
「アーレファイン」1に対し「アーレミッテル」1の混合。「アーレミッテル」は中挽タイプの全粒粉。ライ麦ならではの風味としっとりした食感。クラッカーなど、パンの他にも一般的に使いやすい粉です。

お問い合わせ先　日清製粉株式会社 営業本部 営業部 Tel:03-5282-6360

その他、本書に登場する粉は、専門店やインターネットなどで入手可能です[※2]。

[※1] フランスと日本の粉では灰分量が異なるため、灰分量と粒度、食感を基準に代用品を選んでいます。オーガニックの粉は、本ページを参考に選んでみてください。

[※2] 小麦の原種でフランスでも栽培量が非常に少ないヒトツブコムギは日本では入手が難しく、この粉が手に入ったら、ぜひ古代小麦のおいしさを味わってみてください。

COMPOSITION D'UN GRAIN DE BLÉ
小麦の成分

　小麦粒は3つの部分からなり、全体の81〜83%を占める「胚乳」の主成分はデンプン質とグルテンです。全体の2〜3%の「胚芽」はビタミンとミネラルを多く含み、全体の14〜17%の「外皮」は繊維質とミネラルが豊富。デンプンは多糖類に分類され、パン作りでは生地をふくらませる酵母の活動に重要な役割を果たします。グルテンはタンパク質の集合体で、小麦、スペルト小麦、カムット小麦、ヒトツブコムギの中にあり、少量ながらライ麦、エンバク（マカラスムギ）、大麦にも含まれています。グルテンのおかげで、なめらかで弾力性のある均一な生地になり、クラムの軽さが実現されるのです。

Le choix des ingrédients
素材の選び方

粉、酵母、塩、水は、パン作りの4本柱。私はそこに5本目を加えます。それは「情熱（パッション）」です。

水

　メゾンカイザーでは水道水を浄化する軟水器を使用しています。理想的には湧き水を使用できればベストですが、現実的には難しいでしょう。

　水道水の不純物と石灰分を取り除くだけでも、かなりのアプローチだと思われます。家庭ではフィルターつきのポット型浄水器を使用するか、蛇口に浄水フィルターを取りつけるとよいでしょう。

> *memo*　レシピに記された水の量は、気候や環境などに応じて調整してください。湿度や粉の質によって、または多加水の生地（水分量が多く、べとべとしている生地）をこねる能力によって、水の量を増減する必要がでてくるでしょう。パン作りにおいては、感覚がとても大切です。

セルファン（精製塩）とグロセル（粗塩）

　ゲランドの塩など、未精製でヨウ素をたくさん含んだ塩をおすすめします。"未精製の塩"とは、塩が結晶の状態で、マグネシウムなどミネラル分をすべて含んでいることを意味します。科学的に証明されているわけではありませんが、このタイプの塩はパンの保存に有利に働くと私は確信しています。

ルヴァンリキッド（液体自然発酵種）

　ルヴァンリキッドの作り方と、「リフレッシュ（かけつぎ）」しながら保存する方法については、p24-25で詳しく説明しています。是非、ルヴァンリキッド作りに挑戦してみてください。簡単ですし、楽しく、とても面白いものです。この液体の発酵種を元に、あらゆるパンが作れます。

生イースト

　培養したイーストを、何度も水洗いして不純物を取り除き、さらに脱水して水分を除いたもの。ベージュ色のもろい粘土状をしており、手でほぐして直接、粉と水に加えます（ただし、塩と直接触れないように注意）。保存は冷蔵（0～10℃）で約3週間。本書のレシピでは、ルヴァンリキッドの補助的な役割を果たします。

ドライイースト

　生イーストを乾燥させて水分を抜き、粒状にしたもの。独特の風味があり、フランスパンやハード系のパンなど、リーン（ハード）なパンに適しています。40℃のぬるま湯に溶かして予備発酵させ、発酵力を復活させてから使用します。

インスタントドライイースト

　生イーストを乾燥させ、ビタミンCや乳化剤を添加して顆粒状にしたもの。ビタミンCはグルテン構造を強化する働きがあり、しっかりした歯ごたえのパンを作ることができます。また、乳化剤が入っているので溶けやすく、予備発酵の必要なく直接、粉と水に混ぜて使えます。

発酵力の対比

ルヴァンリキッド	生イースト	ドライイースト	インスタント ドライイースト
1に対し	0.5	0.25	0.13～0.15

他の材料

　パンには色々な副素材（牛乳、オリーブオイル、穀粒、くるみ、はちみつ、ドライフルーツ、海藻など）を合わせることができます。それらの生産地や生産者などの由来とクオリティを気にかけるかどうかはおまかせします。上質の粉から作られたパンであっても、副素材の質次第で風味が左右されることがありえます。

Le matériel

道具

パン作りを始めるにあたっては、基本の道具があれば十分です。簡単なオーブンをすでにお持ちなら、材料をそろえればすぐに始められます。手で生地をこねるのは、家庭でのパン作りの醍醐味なので、是非、楽しんでください。しかし、頻繁に作ったり、生地を手でこねるのにやる気が失せたりするのなら、電動の卓上ミキサーの購入を検討してもよいかもしれません。以下に紹介する道具をそろえておくと、作業がしやすくなります。

卓上ミキサー

こねる速度が調節可能な機種をメーカー各社が販売しています。ミキシングボウルの底にフックがとどくか確認しましょう（生地が均一にこねられない恐れがあります）。

スケッパー（カード）

手でこねる場合、作業台から生地をはがすのに役立ちます。ボウルなどから生地を取り出したり、手や指についた生地をこそぎ取ったりする際にも使えます。

はかり

電子式またはアナログ式のもの。ごく少量を量るのには適しません。できれば計量カップつきのものを用意します。

クッキング温度計

粉や水、生地の温度を測る際に使用します。

バヌトン（発酵カゴ）

布で覆われた籐カゴで、形とサイズはバリエーションがあります。多加水パンの場合、バヌトンに生地を入れて二次発酵させます。

布きんとキャンバス地

発酵の際、生地が乾燥しないように、軽く湿らせた布きんを生地の入ったボウルの上にかぶせるか、生地に直接かぶせます。乾いた布きんを小型のボウルかカゴにかぶせれば、バヌトン代わりにも。

キャンバス地に粉をふって畝を作り（布どり）、その上に生地を並べて二次発酵させます。

パン型

レシピによっては、円形または長方形のパン型を使用し、発酵から焼成を行います。また、パンを形作るために型を使う場合も。スライド式のフタがついた長方形のパン型の場合は、二次発酵の際から、あるいは焼成する際にフタを閉めます。

霧吹きスプレー

パンをパリッと焼き上げるために、窯入れの際に霧吹きか刷毛を使って生地を水（各レシピ中、分量外）で軽く湿らせ、スチームを効かせて焼成します。あるいは、予熱の際にオーブンの最下段に天板を1枚入れ、天板が熱くなったら、水50cc（各レシピ中、分量外）を注いで焼きます。そうすることで同様にスチーム効果が得られます。

クープナイフ

パンにクープ（切り込み）を入れるための専用ナイフ。カッターかよく尖ったナイフを使っても〇Kです。

その他のパン作りに使用する基本の道具

めん棒
生地をのばします。

キッチンバサミ
生地に切り込みを入れます。

刷毛
生地を水で湿らせる、溶き卵を塗る、型に油を塗る時に。

キッチンタイマー
発酵時間や焼成時間を計ります。

ふるい
生地に粉をこしてふるいます。

パンブラシ
生地につきすぎた余分な打ち粉を払います。

Le pétrissage

ミキシング

卓上ミキサーを使ってこねても、手でこねても構いません。しかし、家庭でパンを作る醍醐味は、衛生上の問題からブーランジュリーでは難しい、手ごねができるという点にあります。フランスには、"手で生地に触れる（mettre la main à la pâte ／集団作業に参加する）"ということわざがありますが、まさにそれは、パン作りを覚えたい人にとって何物にも代えがたい経験です。手で生地に触れることで、生地の進化に必要な情報をキャッチできるのですから。

それぞれのパンに適したミキシング

手ごねにしても卓上ミキサーでこねるにしても、使用する粉とレシピによって適切なこね方は違ってきます。水の量とミキシングの時間は、これらの要因と、パン作りの経験レベルによって臨機応変に調整してください。

多加水でべとべとした生地は、手でこねるのは難しいものの、気泡のたくさん入ったパンが仕上がります。こうした生地の場合、卓上ミキサーを使用をしてもよいでしょう。プロのブーランジェにとって、レシピはいわばメモでしかありません。ですから、自分のフィーリングに従って作業することが大切です。卓上ミキサーでこねる場合も、どのような作業を行うかを決定するために、手で生地に触れ、生地のテクスチャーと粘着性を確認してください。卓上ミキサーを使う場合でも、手での感触が大きな指針になります。

基本温度と水温

フランスのブーランジェにとっては、「基本温度」と呼ばれる数値がパン作りの基本です。基本温度は、室温、粉の温度、水温を足して割り出される数値で、適切に調節することで、ミキシング後の生地の温度が理想的なこね上げ温度（通常24〜25℃）になり、質にムラのないパンができあがります。本書では、白い生地（小麦粉だけの生地）の基本温度は54〜56℃、濃い色の生地（ライ麦などが入った生地）の基本温度は58〜65℃を想定しています（レシピごとの具体的な基本温度は、p290以降の配合表参照）。ミキシングの前に、この3つの温度（粉の温度、水温、室温）を測り、必要があれば水に氷を入れて水温を下げたり、ぬるま湯にしたり、あるいは粉を冷蔵庫で冷やす、室温を下げるなどして、基本温度の数値になるように調節してください。

一方、日本では一般的に、理想的なこね上げ温度に近づけるために、混ぜる水の温度を事前に調節します。適切な水温は以下の方程式で算出できます。

＜水温を決める方程式＞

$$\frac{粉の温度＋室温＋水温＋ミキシングの摩擦熱上昇}{3}＝こね上げ温度$$

1. 水温を算出するには、粉の温度と室温に加え、ミキシングの際の摩擦熱上昇の数値を知る必要があります。まずは一度、生地をミキシングしてこね上げ温度を計り、方程式にあてはめてみましょう。

例）
$$\frac{24℃＋24℃＋20℃＋X℃}{3}＝26℃$$
（粉の温度）（室温）（水温）（ミキシングの摩擦熱上昇）　　（こね上げ温度）

＊X＝10℃　＊ミキシングの摩擦熱上昇は10℃。

2. ミキシングの摩擦熱上昇が分かったので、その数値と理想のこね上げ温度を方程式にあてはめて水温を算出します。

例）
$$\frac{24℃＋24℃＋Y℃＋10℃}{3}＝24℃$$
（粉の温度）（室温）（水温）（ミキシングの摩擦熱上昇）　　（こね上げ温度）

＊Y＝14℃　＊14℃の水温を混ぜてミキシングすれば、24℃にこね上がることになります。

手でこねる

粉に作ったくぼみの中で、まずは水、ルヴァンリキッド（液体発酵種）、さらに生イーストと塩を合わせ、なじんでくるまで混ぜます。この作業は「粉合わせ」と呼ばれます。文字通りのミキシングは、生地を指で混ぜ合わせては作業台から生地をかき取り、作業台にたたきつけ、手前にひっぱり上げて向こう側に折りたたみ、再びたたきつけ、空気を巻き込むようにしながら"ふくらませ"ます。この作業を10分ほど続けると、生地がなじんで次第にコシが出てなめらかになってきます。タンパク質の網の目構造が形成され、ここに抱え込まれた炭酸ガス（CO_2）が抜けようとするのです（p24参照）。くるみやオリーブ、ドライフルーツなど、他の材料が入るレシピの場合、これらの材料は生地がいったんこね上がってから加えて混ぜ込みます。

手のエネルギー

こねる際に手によってエネルギーが伝わると、私は強く信じています。今までの経験から言うと、卓上ミキサーよりも手で混ぜる方が、生地はより長持ちします。手で生地に触れることで、何か特別な力、自分の内面が手を介して生地に伝わるのです。それは、花や木に話しかけると生き生きと育つというのと同じくらいに非合理的な話でしょう。お客さまに手ごねのパンを提供できたら！しかし、衛生面の問題から難しく、ますますブーランジェのプロセスから"手"の仕事を遠ざける傾向にあります。

手ごねによるミキシング（多加水の生地）　※本書のレシピでは主に多加水の生地です。

1 作業台（またはボウル）に小麦粉を盛り、真ん中に大きなくぼみを作る（写真1）。

2 くぼみ部分に水の半量、ルヴァンリキッド（写真2）、生イースト、塩を入れる。

3 片手で混ぜながら（写真3）、反対の手では土手の小麦粉を少しずつくぼみの部分に寄せる。くぼみの範囲が大きくなり、生地は濃厚なクレープ生地のようなテクスチャーになる。

4 残りの水を加え（写真4）、土手の小麦粉を加えながら、全体がなじむまで混ぜる（写真5&6）。

5 生地を両手でつかみ（生地は作業台にくっつく状態）、手前にひっぱり上げ（写真7）、空気を閉じ込めるように力を入れて向こう側に折りたたむ（写真8）。生地にコシが出てなめらかになり、手や台につかなくなるまで、この作業を何度も繰り返す。

　memo　生地を手に持って引っぱり、指が透けるくらい薄くのびるようになれば、こね上がりとなります。

6 生地を巻き、ひとまとめにする（写真9）。

手ごねによるミキシング（低加水の生地）

レシピによっては、粉合わせの段階で生地はかなり締まっています。これは水の量によるものですが、粉の種類やクオリティにもよります。

1 p21の **1** ～ **4** を参照し、生地がなじむまで混ぜる。

2 スケッパーで作業台にこびりついた生地をはがし（写真1）、生地をまとめる。

3 片方の手で生地をしっかりと押さえながら（写真2）、もう一方の手で生地を手前に引っぱる（写真3）。

4 生地を1～2回折りたたみ（写真4）、手で押さえて平らにする（写真5）。

5 再び生地を引っぱっては（写真6）、折りたたむ。生地にコシが出てなめらかになるまで、**3** からの作業を繰り返す（写真2～写真6）。

memo 生地を手に持って引っぱり、指が透けるくらい薄くのびるようになれば、こね上がりとなります。

6 生地を巻き（写真7&8）、ひとまとめにする（写真9）。

卓上ミキサーでのミキシング

1 ミキシングボウルに小麦粉、水、ルヴァンリキッド、生イースト、塩の順に入れる。

memo 塩は生イーストとルヴァンリキッドと直接触れないように入れます。塩は水に溶かしてから加えて混ぜてもよいでしょう。

2 低速で回して混ぜ（これが「粉合わせ」にあたる）、素材が混ざってから高速に速度を上げ、厳密な意味でのミキシングをスタートさせる。

3 生地につやが出て、のばすと薄く透き通るくらいになれば、こね上がり。

　ミキシングによって生地は乳化して白味が増します。高速でのミキシングは温度が上がりやすく、短時間で終わります。低速のミキシングは温度が上がりづらく長時間かかります。高速の方が、生地が乳化しやすいと考えています。私は合理農法（CRC、p14参照）の粉を使っていますが、こねすぎないようにしています。それは、パンの味わいとクラストの色づきに作用するカロチノイド色素をキープするためです。あまりこねず、長時間発酵させ、イーストはごく少量かイーストなしで作るのがよいでしょう。

　「おいしいパンを作るには、約10時間かかると言われています。味気ないパンなら3時間で十分でしょう」。

LA RECETTE TYPE DE PAIN

パンの配合

　発酵種には液状と生地状のものがあります。パンの配合の基本は、小麦粉100に対して、水は約60、液状または生地状発酵種は10〜50、イーストは1〜2、塩が2の割合と覚えましょう。

La fermentation
発酵

パン作りの真髄である「発酵」は、発酵種の場合、生地の中で自然界に生息する微生物が活動することよって引き起こされます。純粋培養したイーストを加えることで発酵させたり、あるいは発酵種とイースト両方を用いて発酵させる方法もあります。プロのブーランジェは日々、発酵を始動させ、また発酵をコントロールできるものです。複雑な化学反応を伴う作業ですが、この発酵のメカニズムをよく理解すれば、家族や身近な人たちが喜んでくれるような、おいしいパンが作れるようになります。

なぜパンはふくらむのか?

ミキシングが終わったあと、作業台(またはボウルの中)に置かれた生地に、軽く湿らせた布きんをかぶせ、発酵の段階に入ります。この発酵の第一次段階は「一次発酵」と呼ばれます(p30参照)。

この段階で、粉に含まれる微生物、バクテリアと野生酵母は、材料に含まれる有用な栄養素 —— 特にブドウ糖やマルトース(麦芽糖)のように"発酵しやすい"糖 —— によって増殖し始めます。酸素が不足すると、これらの微生物はこうした糖を分解し、炭酸ガスとアルコール(エタノール)を産出します。この炭酸ガスこそが、パン生地の膨張を担っています。ミキシングの際に、小麦のタンパク質(グルテン)が密で弾力のある網の目構造を形成し、そこにこのガスがため込まれることで生地がふくらむのです。

発酵種での発酵

発酵種を使ったパン作りでは、バクテリアと酵母菌の活動のバランスを保つことが大切です。難しいのは、乳酸菌(糖を分解して乳酸を産出するバクテリア)の活動する温度が約30℃であるのに対し、酵母菌の活動温度は22〜26℃だということです。また、温度が低すぎると、酢酸を産出する別のバクテリアの活動が活発になってしまいます。つまり、温度を十分に上げないと、発酵種のパンは酸っぱくなる恐れがあるのです。温度だけでなく、こね方や素材のクオリティなど他の要因も、発酵の成功に関係してきます。

発酵種には液状と生地状のものがあり、本書で紹介したレシピは、すべて自然素材を使った液体自然発酵種の「ルヴァンリキッド」を使用しています。ルヴァンリキッドを選んだ一番の理由は、扱いやすいから。ミキシングの段階で、水のように簡単に混ざります。ルヴァンリキッドの配合量は、粉の20〜50%に相当すると覚えてください。

ルヴァンリキッド(液体自然発酵種)の作り方

材料　ルヴァンリキッド約500g分

1日目

ライ麦全粒粉	20g
ぬるま湯(38〜40℃)	20g
はちみつ(またはユーロモルト)	5g

2日目

ライ麦全粒粉	40g
ぬるま湯(38〜40℃)	40g
はちみつ(またはユーロモルト)	5g

3日目

ライ麦全粒粉	80g
ぬるま湯(38〜40℃)	80g

4日目

小麦粉(タイプ55か65)	100g
ぬるま湯(38〜40℃)	100g

memo　ライ麦全粒粉はタイプを問いません。

作り方

1日目

1 ボウルにライ麦全粒粉とぬるま湯を入れ、木さじ（または、へら）で混ぜる。

2 はちみつ（またはユーロモルト）を加えてさらに混ぜる（写真1&2）。

3 濡れ布きんをかぶせて温暖源のそばに24時間置いておく。

memo 表面が固まったらその都度混ぜます。

2日目　種は表面に泡が形成されている状態になっています。

1 前日よりひとまわり大きなボウルに、ライ麦全粒粉とぬるま湯、
はちみつ（またはユーロモルト）を入れて混ぜる（写真3）。

2 1に前日の種を加えて混ぜ（「リフレッシュ[かけつぎ]」と呼ばれる作業）、濡れ布きんをかぶせて、
同様に温暖源のそばで24時間発酵させる。

3日目　種は気泡を発している状態になっています。

1 前日よりさらにひとまわり大きなボウルに、ライ麦全粒粉とぬるま湯を入れて混ぜる。

2 1に前日の種を加えて混ぜ、濡れ布きんをかぶせ（写真4、全面にかぶせる）、同様に温暖源のそばで24時間発酵させる。

4日目

1 前日の種に小麦粉とぬるま湯を加えてよく混ぜる。

どろっとした濃厚なクレープ生地のような、指ですくって垂れないくらいのテクスチャーになっているはずです。この状態になれ
ばパン作りに使えます。

memo 煮沸した清潔なガラス瓶に入れて保存します（フタは完全に閉めず、常に空気と触れるようにすること）。ルヴァ
ンリキッド完成当日は室温に置いてかまいませんが、2日目以降は冷蔵庫で保存して（フタは完全に閉めない）、3日おきに
リフレッシュ（かけつぎ）し（P26「ルヴァンリキッドの保存」参照）、使う前に室温に戻しておきます。

ルヴァンリキッドの保存

酵母は平均して、リフレッシュ（かけつぎ）してから3日間活動しています。よって3日おきに、ルヴァンリキッドの重さの50％の水と粉を加えてリフレッシュを行う必要があります。例えばルヴァンリキッドが300g残っている場合、小麦粉75gと水75gを再び加えます。酵母はいわば生きものですから、栄養を与えて維持させるのです。パン作りの頻度によって、最初に仕込みの量を調整してもよいでしょう。リフレッシュするたびに、見た目の色が茶色から白色にだんだん変化していきます。（p27参照）。

発酵種の起こし方

　ルヴァンリキッドを使ったパン作りは、発酵種を先に起こしておくという手法です。この種にさらにイーストを加えることで、より豊かな風味を生み出します。ルヴァンリキッドは、粉と水をベースにした液体自然発酵種ですが、発酵種には自然発酵種の他にイーストを用いたものもあり、また形状も液体ではなく生地状のものもあります。以下に主なものを紹介します。

ポーリッシュ

1. ボウルに、粉500gと水500g、生イースト3〜4gを入れて混ぜる。

   memo　この段階では塩を決して加えないこと。塩が発酵をそこねる可能性があります。

2. 濡れ布きんをかぶせて冷蔵庫に10時間入れる。

3. ミキシングの段階で、粉500gに対して、この液種の20〜50％を加える。

ルヴァン・ルヴュール

1. レシピに記された粉の重量の1/4を取り、60％の水で溶く（100gの粉に対して、60gの水）。

2. 生イーストを加え（粉1kgに対し10g）、混ぜる。

3. 冷蔵庫に6〜10時間入れる。

4. ミキシングの段階で、500gの粉に対して、この生地状発酵種の20〜50％を加える。

オートリーズ

この方法は、実質ミキシングにあたります。

1. 粉と水を卓上ミキサーの低速で4分、または手で5分混ぜる。

   memo　ざっくりと粉合わせすることが重要です。

2. 生地を1時間休ませる。

   memo　パンの風味を引き出したいなら、休ませる時間を10時間までのばしてもOKです。

3. 他の材料を混ぜ合わせてこねる。

   memo　この手法を用いると、よりしなやかな生地になり、最終のミキシングの時間を短縮できます。

老麺生地

1. 前日にイーストで生地を仕込み、冷蔵庫に一晩入れておく（または、余っている生地があればそれを使用してもOK）。

2. 他の材料に仕込んでおいた老麺生地を加える（粉の重さの15〜30％）。

   memo　例えば粉500gなら、ミキシングの際に15〜30％（つまり120〜240g）の老麺生地を加えます。

リンゴまたはブドウから作る発酵種

1. リンゴ（またはブドウ）500gは、洗ったあとに皮をつけたままざく切りにし、ボウルに入れる。濡れ布きんをかぶせて室温で10〜15日発酵させる。

2. リンゴ（またはブドウ）から出た汁を集め、この汁200gとライ麦全粒粉300gを混ぜ、ボウルに入れて24時間休ませる。

3. 前日の種に小麦粉100gと水100gを加える。

   memo　これでパン作りに使える自然発酵種を十分に確保できます。また可能であれば、リンゴもブドウも、オーガニックのものを使用しましょう。

パン作りにおけるイーストの使用

　ガリアの人々がすでにビール酵母による発酵を知っていたとはいえ、ブーランジュリーでビール酵母を使用することは、19世紀まで放任と禁止の繰り返しでした。パストゥールの研究によって、発酵種が引き起こす発酵は、酸素のない状況で増殖する性質を備えた微生物（嫌気性生物）の働きによることが明らかになりました。パストゥールは色々な微生物の株や酵母菌を選別し、このうち「サッカロミセス・セレヴィシエ（Saccharomyces cerevisiae／出芽酵母）」が、いわゆる「パン酵母（イースト）」として使われるようになったのです。

　イーストでのパン作りにおいては、粉に含まれる野性酵母が活動に入るのを待つ必要はありません。粉合わせを始めたとたん、大量のサッカロミセス・セレヴィシエを投入することになるからです（1gあたり90〜100億の菌）。そのため、アルコール発酵もかなり加速し、パンの中に小さな気泡を形成しやすくする炭酸ガスとエタノールが多量に発生します。エタノールは焼成の際に蒸発し、他の化合物とともにさまざまな香りをパンに与えます。

イーストは酵母の有益な協力者

　ちょうどよい分量を用いるのならば、イーストは有用です。イーストで発酵させたパンには、非常に素晴らしい味覚のバランスを呈するものもあります。私は、ルヴァンリキッドをベースにしたレシピの大半に、イーストを少量加えています。イーストの分量で発酵時間を調整することができますが、完全に発酵時間をなくしてはいけません。発酵において補助的に使うのであれば、イーストは素晴らしい材料となりえます。ある種の酵母の際立ちすぎた酸味を修正してくれるからです。

イーストによるパンの変動

　イーストの製造メーカーの工場が最初にお目見えしたのは、1850〜1855年にかけてのこと。イーストが手に入るようになり、ブーランジェは次第に、伝統的な、より拘束力を持っていた発酵種によるパン作りを断念するようになりました。ブーランジェは、あまり緻密でなく軽いクラムのパンを作るために、発酵種をイーストに混ぜるようになったのです。第二次世界大戦が終わると、フランス人は目のつまった消化の悪い黒パンを忘れたいと思ったのでしょう。ブーランジェは、事前の準備を必要としない、素早く発酵させた大型のパンを強要し、消費者はこれを圧倒的に支持しました。

　これは習慣になり、この傾向がイーストの分量の増加と発酵時間の減少を招き、生産性は上がりました。一方で風味が減るために、塩を余分に加えて風味を修正することに。同時に、こうしたイーストを培養するのに質の劣る粉ではもはや十分ではなく、麦芽（モルト）に基づいた粉のデンプンを糖に変えるアミラーゼと、グルテン層を強固にしやすいアスコルビン酸に頼るようになったのです。この一連のプロセスが疑問に付されるようになるのは、1990年代のことでした。

Les deux temps de la fermentation

一次発酵と二次発酵

発酵はミキシングのあと、生地をひとまとめにした状態で発酵させる一次発酵と、生地を分割して成形したあとに行われる二次発酵に分かれます。

＊各本書のレシピは室温（24〜27℃）での作業を前提にしています。一次発酵も二次発酵も25℃前後を目安にしてください。

一 次 発 酵

生地をこねたあと、軽く湿らせた布きんをかぶせ（生地に膜ができるのを防ぐため）、発酵させます。生地は休み、ふくらみます。炭酸ガスが逃げ出そうとすると、これをグルテンの網の目構造が押しとどめる影響で、生地はボリュームを増すのです。発酵種の反応性と、室温の上昇により、倍ぐらいにふくらみます。この変化は酸性化を伴います（下の文章も参照のこと）。

一次発酵は、活動している粉と室温により、1〜3時間続きます（さらに長く続く場合も）。先に起こしておいた発酵種（自然発酵種、ルヴァン・ルヴュール、ポーリッシュ、オートリーズ、老麺生地 [p26参照]）を用いる場合、一次発酵の時間をのばす必要はありません。知識と勘を結びつけられるようになりましょう。生地の変化を観察するのは重要ですが、発酵において進んでいる作用を理解することも大切です。18℃で発酵する生地に、24℃で発酵する生地と同じ発酵時間を取ると、パンにグルテンの成熟に達する機会を与えそこなう恐れがあります。クッキング温度計を用意しましょう。

MESURER L'ACIDITÉ DE LA PÂTE

生地の酸度を計りましょう

生地の酸度を図る指針であるpHは、発酵作業を進化させる助けとなります。一次発酵の初めには、だいたいpH6〜7（こねと、加えた発酵種によります）。一次発酵の終わりには、伝統的なパンの場合はpH5か6に達します。フランスの規制では、発酵種によるパンのpHを4〜4.3に固定しています。パンの酸度が強いほど、pH数は低く示されます。pH4〜5を確保すると、風味の豊かさ（専門家は200種まで確認）と長期の保存が保証されます。リトマス試験紙（薬局などで購入可能）を使えば、酸度が正確に計れます。

二 次 発 酵

　2回目の発酵は、生地を成形したあとに行われます。空気の流れにあたらぬよう、生地に濡れ布きんをかけ、生地を再び休ませ、ふくらませるのが目的です。パンの内部に炭酸ガスを蓄積させるのは、焼成の時によく空気を含んだクラムを保証するのに必要です。パンを切った時に、この不規則な気泡から、発酵で用いた方法が分かります。

布 ど り

　成形した生地を二次発酵させる際には、打ち粉をしたキャンバス地に生地をのせ、凹凸に畝を作って生地どうしがくっつかないようにして発酵させます。これは「布どり」と呼ばれます。畝は生地よりも1〜2cm高く作り、生地の横幅きっちりに寄せます。こうすることで布が壁の役割を果たし、生地がだれるのを防ぎ、上にのびてふくらみます。

朝食にできたてのパンを

　ブーランジュリーの工房では、生地は通常、いつオーブンに入れるかに応じ、温度調整された発酵室に置かれます。これにより、1日のいつの時間でも、お客さまに熱々のパンを提供できるのです。この方法を取り入れれば、家庭でも朝食にできたてのパンを用意することができます。

　前日、一次発酵が終わったら、17時ごろに生地を仕上げ、密閉容器に移して冷蔵庫に入れます。低温（4℃）で生地は活動することができ、10〜12時間ダメージなしに保存できるわけです。翌朝、冷蔵した生地をオーブンに入れて焼くだけです。

La mise en forme

丸め

一次発酵のあと、生地をスケッパーで等分に切り分け、生地1個ずつの重さを指定通りにします。この作業を「分割」と呼びます。続いて切り分けた生地を丸めます。この段階では、生地への働きかけは最小にする必要があるので、素早く作業します。

パンの最終的なフォルムによって丸める形は異なります。丸形のパンの場合は、丸形に丸めます。バゲット、フィセル、エピなど長細いパンの場合は、ラグビーボール形に丸めます。丸めたら、生地を短時間休めますが、この段階は「ベンチタイム」と呼ばれ、成形の前段階です。

＊手粉や打ち粉が多いと、パンが粉っぽくなったり、焼き上がりが白っぽくなってしまうので、なるべく控えめにしましょう。

丸形に丸める

1 作業台の上で生地を巻く（写真1&2）。

2 閉じ目が下にきたら（写真3）、生地をはさむように両手をあて、下部に向かって締めつけながら回転させ、均一な丸形に整える（写真4）。

小さな生地を丸形に丸める場合

1 作業台の上で、生地を手のひらで転がす（写真1&2）。

2 均一な丸形になるまで丸める（写真3）。

ラグビーボール形に丸める

1 作業台の上で、生地を押さえて平らにする（写真1）。

2 左右対称に生地を巻き込む（写真2&3）。

Le façonnage

成形

この作業はパンの仕上がりのフォルムに直接影響します。フランスにはバラエティー豊かな形状のパンがあります。フランスのパン作りにおいて、基本の3つの成形法を紹介しましょう。

丸形に成形

1 生地を手のひらでそっと押さえて平らにする（写真1）。

2 周囲から中心に向かって折りたたみ（写真2）、閉じ目を軽く押さえる（写真3）。

3 生地を巻き込み、巻き終わりが下にくるようにする（写真4）。

4 生地をはさむように両手をあて、下部に向かって締めつけながら回転させ（写真5）、均一な丸形にする（写真6）。

丸めなおすレシピの場合

生地をはさむように両手をあて（写真1）、下部に向かって締めつけながら回転させて均一な丸形に丸めなおす（写真2&3）。

バタール形（なまこ形）に成形

1. 生地を手のひらでそっと押さえて平らにする。

2. 向こうから1/3を手前に折り、指で閉じ目を押さえる（写真1）。

3. 生地を180°回転させ（写真2）、再び向こうから1/3（または1/3より少し奥）を手前に折り、閉じ目を押さえる（写真3）。

4. 最後に手前に2つに折って、手のひらのつけ根で閉じ目を押さえてくっつける（写真4）。

5. 生地に両手をあてて転がし、バタール形（なまこ形）にする（写真5）。レシピによっては、さらに転がして細長くのばす（写真6）。

バゲット形に成形

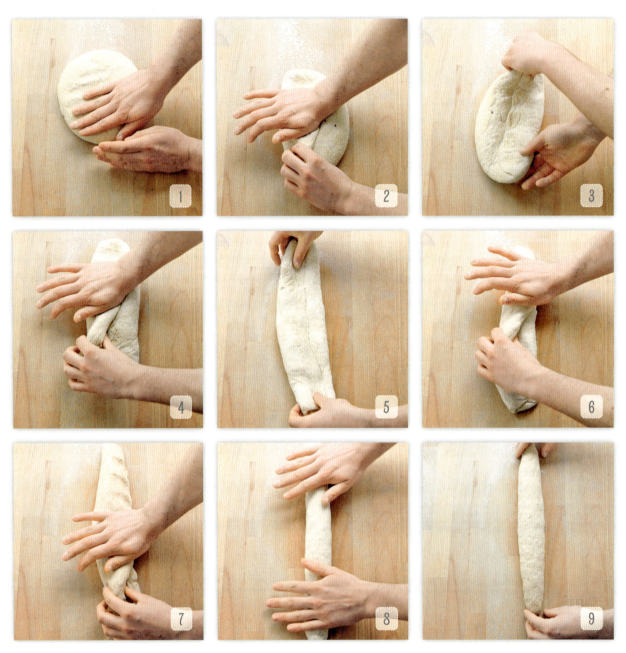

1　生地を手のひらでそっと押さえて平らにする（写真1）。

2　向こうから1/3を手前に折り、手のひらのつけ根（または指）で閉じ目を押さえる（写真2）。

3　生地を180°回転させ（写真3）、今度は向こうから1/3より少し奥を手前に折り、閉じ目を押さえる（写真4）。

4　手前に2つに折って（写真5）、手のひらのつけ根で閉じ目を押さえてくっつける（写真6&7）。

5　生地に両手をあてて転がして細長くのばし（写真8）、両端を尖がらせる（写真9）。

Le lamage

クープ（切り込み）

焼成の際、蒸発する水と、発酵の間に蓄積されてグルテンの網の目構造に引き留められた炭酸ガスは、逃げ道を探します。生地の最終発酵の発展を最適化すべく、「開口部」を作る必要があり、生地に細かく切り込みを入れていきます。パンに「クープ（切り込み）を入れる」と呼ばれる作業です。

クープを入れる

専用のクープナイフ（ホルダーつきもあり）、またはカッターで、クープを入れます。クープ（切り込み）の深さは、生地の発酵の程度によります。生地が発達しているほど、切り込みは浅くなります。クープは通常、パンをオーブンに入れる直前に行います。一般的な10種のクープを紹介しましょう。

十字

格子

ポルカ模様（ひし形格子）

車輪模様

縦に1本クープ

やや斜めに2本クープ

やや斜めに4本クープ

ソーシソン（表面いっぱいに斜めのクープ）

シュヴロン（山形模様）

エリソン ＊キッチンバサミを使用

La cuisson et
la conservation du pain

パンの焼成と保存

いくつかの点に注意すれば、家庭のオーブンでもパンの焼成に成功します。この本で紹介しているすべてのレシピは、一般的な家庭用オーブンで試作をしています。ブーランジェリーの工房で作られるパンと比べると、クラスト（パンの表皮）の厚さ、色合い、クープの出方など、違いはたくさんあるかもしれません。しかし、家庭でのパン作りをあきらめるほど大きな違いではありません。

オーブン

コンベクション（熱対流）式のオーブンなら、最上のできあがりになります。これは特に焼成時間が長いレシピで違いが出ます。一番重要なことは、指示されている温度に達してからオーブンに入れて焼くこと。そうでないと、クープがきれいに出ません（ブーランジェはクープが"投げない"または"吐かない"と表現します）。

2枚の天板で同時に焼成する場合

1度に焼く生地が多い場合、2枚の天板で同時に焼成することが可能です。普通のオーブン（コンベクションタイプでないもの）の場合、途中で天板を前後入れ替えることで均一に焼き上がります。

石のプレート上での焼成

ピザストーンとも呼ばれるパン用陶器を取り入れてもよいでしょう。オーブンの下段に網をセットし、その上に石のプレートをのせ、1時間予熱します。こうすることで、プレートが熱を溜め込み、オーブンに入れた際にパンに返還されます。こうしてパンに最適な焼成が行われます。パンをオーブンに入れる際には、木製の小さなピザピール（p42参照）を使用します。

スチームの効果

パンは水蒸気が満ちたオーブンで焼くのが必要不可欠です。水蒸気が保護壁を作り、生地の乾燥を遅らせ、生地ののびおよび繊細な風味でよく色づいたクラストの形成を助長してくれるのです。オーブンの最下段に天板を1枚入れて予熱し、生地を窯入れする直前に熱くなった天板に約50cc（大さじ3〜4。各レシピ中、分量外）の水を注ぎます。あるいは、生地を刷毛で湿らせるか霧吹きで水（各レシピ中、分量外）を吹きかけ、スチーム効果を効かせてもよいでしょう。

ベーキングロス

オーブンの中でパンの生地中の水分は蒸発し、重量は減少します（約10％）。この焼成による減少を「ベーキングロス」と呼びます。

クーリングロス

パンが焼き上がったらオーブンから取り出し、網などの上に移して粗熱を取ります。この段階でも引き続きパンは蒸気として水分を失い続け、目方が減ります（2％まで）。これを「クーリングロス」と呼びます。

保存

細長いタイプのパンは、空気を多く含んだクラムと繊細なクラストが特徴で、密度の高い緻密なクラムを持つ丸形のグロ・パンよりも日持ちがしません。グロ・パンの方が固くなりにくい要素が備わっているからです。一般的に発酵種での発酵は、大きくいたむことなく数日間の保存期間を保証します。だいたい、うまくできたバゲットは8〜10時間保存できます。理想的には、パンを紙袋かリネンの袋、またはコットンの袋に入れて乾燥した場所で保管すること。冷蔵庫に入れたり、ビニール袋に入れるのは避けてください。

On apprend de ses erreurs

失敗から学ぶ

パン作りという大冒険に乗り出すと、恐らく失敗も経験することでしょう。レシピに従うよりも、パン作りでは生地の様子を観察し、"感じる"ことが大切です。生地はいわば生きものですから、いつも必ず同じというわけではありません。いつもと同じように作っても失敗することもあれば、いつもとは違うタイプの失敗をする場合もあります。どうして上手くいかなかったのかを分析し、次に作る時に役立ててください。しかし、失敗は上達の秘訣ですから、ポジティブに捉えましょう。失敗から各段階で何が起きているかを、より理解できるのですから。パン作りの各ステップで起こりやすい失敗例と、考えられる原因を紹介しましょう。

クープがきれいに開いていない例：炭酸ガスがクープからすべて抜け出さず、出口を見つけられなかった炭酸ガスの一部が、左側に見える裂け口から逃げています。

生地がべたつきすぎる
- 生地が過度に多加水 (生地に含まれる水分が多すぎる)
- 水の温度が高すぎる
- ミキシングが不適切

パンがかなりへんぺい
- 使用した粉に問題あり
- 発酵種の反応不足
- 焼成時の生地が冷たすぎる
- 生地が固すぎか、やわらかすぎる
- 二次発酵の時間が短すぎか長すぎる
- オーブンの温度が低すぎか高すぎる

パンのボリューム不足
- グルテンが強すぎる
- 発酵種の反応不足
- 焼成時の生地が冷たすぎる
- 二次発酵の時間が短すぎる
- 生地を成形しすぎ (力の過多、触りすぎ)
- 焼成前の生地の表面の乾燥
- クープの入れ方が不適切
- オーブンの温度が低すぎか高すぎ
- 焼成の際のスチームの量不足

クラムが締まりすぎて固く、気泡がない

- 一次発酵または二次発酵が不十分
- 成形しすぎ（生地が固すぎる）
- クープが不適切
- オーブンの温度が高すぎる
- オーブンに入れる時のスチーム不足

クープが"吐かない"
（焼成の間にクープが消えたように見える）

- ミキシングが不適切
- 成形しすぎ（生地が固すぎる）
- 成形が不十分（生地にコシがなさすぎる）
- 生地が伸張しすぎ
- パンの表面しかクープが入っていない
- オーブンの温度が高すぎる
- 水蒸気の過多

クラストが弱すぎる

- 使用した粉の質に問題あり
- 発酵しすぎ
- こねと成形の時、またはこねか成形の時に、
  生地を触りすぎ
- オーブンの温度が低すぎる
- 焼成時間が短すぎる
- オーブンに入れる時のスチーム不足

パンのクラストに色艶がない

- 塩の入れ忘れ
- 生地のこねすぎ
- 生地の温度が高すぎる
- オーブンに入れる時のスチーム不足

パンのクラムに張りがない

- 生地の温度が低すぎる
- 生地の成形が十分でない
- オーブンに入れる時のスチーム量が過多
- 焼成時間が不十分
- 焼成後に網に移した際、
  劣悪な状況でクーリングロスが行われた

ブリオッシュ生地を型に入れたあと、二次発酵の時間が長すぎたせいで、クープを入れた際にしぼんだ例。

バゲットが曲がっている

- こねすぎ（生地が固すぎる）
- 成形しすぎ（生地を触りすぎ、きつく押さえすぎ）
- オーブンの温度が高すぎる

パンの底が焦げている
（天板と接触した底面が少し焦げている）

- オーブンの温度が高すぎる
- 天板を入れた位置が低すぎる

Les pains
de tradition

トラディショナルなパン／基本のパン

ブール

La boule

時間 ⏱ ⏱

ミキシング	10分
一次発酵	1時間30分
二次発酵	2時間
焼成	40〜45分

材料
1個分（約920g）

小麦粉（タイプ65） ——	500g
水 ———————	350g
ルヴァンリキッド ———	100g
生イースト —————	2g
塩 ———————	10g

作り方

1 生地をこねる。

   卓上ミキサーの場合：ミキサーのボウルに小麦粉、水、ルヴァンリキッド、生イースト、塩を入れ、まずは低速で4分回したあと、高速で6分回してミキシングする。

   手ごねの場合：作業台（またはボウル）に小麦粉を盛り、真ん中に大きなくぼみを作る。くぼみ部分に水の半量、ルヴァンリキッド、生イースト、塩を入れ、ざっと混ぜる。残りの水を加え、全体がなじむまでよく混ぜる。生地にコシが出てなめらかになり、手や台につかなくなるまでしっかりこねる（写真1）。

2 生地をひとまとめにし、濡れ布きんをかぶせて1時間30分発酵させる（写真2）。

3 打ち粉をした作業台の上に、生地を裏返してのせる。周囲から中心に向かって折りたたみ（写真3）、閉じ目を軽く押さえる。再び生地を裏返し、生地をはさむように両手をあて、下部を締めつけながら回転させて均一に丸める。

4 バヌトン（発酵カゴ）の内側に粉をふり、閉じ目を上にして生地を入れる。濡れ布きんをかぶせて2時間発酵させる。

5 オーブンの下段に天板を1枚差し込み、230℃に予熱しておく。オーブンペーパーを敷いた別の天板の上に、バヌトンをそっと返して生地をのせる。生地の表面にポルカ模様（ひし形格子）のクープを入れる。

6 オーブンが温まったら庫内の天板に水50cc（分量外）を注ぎ、すぐに生地をのせた天板を入れて40〜45分焼く。

7 オーブンからパンを取り出し、網などに移して粗熱を取る。

バタール

Le bâtard

⏱ 時間 ⏱

ミキシング	10分
一次発酵	1時間30分
（このあと30分休ませる）	
二次発酵	1時間30分
焼成	20分

材料
3個分（1個約300g）

小麦粉（タイプ65） ——	500g
水 ——————————	330g
ルヴァンリキッド ———	100g
生イースト ——————	3g
塩 —————————	10g

作り方

1. 生地をこねる。

   卓上ミキサーの場合： ミキサーのボウルに小麦粉、水、ルヴァンリキッド、生イースト、塩を入れ、まずは低速で4分回したあと、高速で6分回してミキシングする。

   手ごねの場合： 作業台（またはボウル）に小麦粉を盛り、真ん中に大きなくぼみを作る。くぼみ部分に水の半量、ルヴァンリキッド、生イースト、塩を入れ、ざっと混ぜる。残りの水を加え、全体がなじむまでよく混ぜる。生地にコシが出てなめらかになり、手や台につかなくなるまでしっかりこねる。

2. 生地をひとまとめにし、濡れ布きんをかぶせて1時間30分発酵させる。

3. 打ち粉をした作業台の上で、生地を1個約300gに3分割して丸形に丸める。濡れ布きんをかぶせて30分休ませる。

4. 生地を手のひらで軽く押さえて平らにする。向こうから1/3を手前に折り、指で閉じ目を押さえる。生地を180°回転させ、今度は1/3より少し奥を手前に折り、閉じ目を押さえる。最後に手前に2つに折って、手のひらのつけ根で閉じ目を押さえてくっつける。

5. 生地に手をあてて転がし、バタール形にする。他の生地も同様にして成形する。

6. オーブンペーパーを敷いた天板の上に、閉じ目を下にして生地を並べる。濡れ布きんをかぶせて1時間30分発酵させる。

7. オーブンの下段に別の天板を1枚差し込み、230℃に予熱しておく。生地の表面に縦に1本クープを入れる。オーブンが温まったら庫内の天板に水50cc（分量外）を注ぎ、すぐに生地をのせた天板を入れて約20分焼く。

8. オーブンからパンを取り出し、網などに移して粗熱を取る。

バゲット
La baguette

⏱⏱ **時間** ⏱⏱

ミキシング　　15分
オートリーズ　1時間
一次発酵　　　1時間30分
（このあと30分休ませる）
二次発酵　　　1時間40分
焼成　　　　　20分

材料
3本分（1本約300g）

小麦粉（タイプ65）── 500g
水 ──────── 325g
ルヴァンリキッド ──── 100g
生イースト ────── 3g
塩 ───────── 10g

作り方

1 生地をこねる。

　卓上ミキサーの場合：ミキサーのボウルに小麦粉と水を入れ、低速で4分回して混ぜる。ボウルをミキサーから外し、濡れ布きんをかぶせて1時間休ませる。ルヴァンリキッド、生イースト、塩を加え、まずは低速で4分回したあと、高速で7分回してミキシングする。

　手ごねの場合：作業台（またはボウル）に小麦粉を盛り、真ん中に大きなくぼみを作る。くぼみ部分に水の2/3量を注ぎ、全体がなじむまで混ぜる。濡れ布きんをかぶせて1時間休ませる。残りの水、ルヴァンリキッド、生イースト、塩を加え、よく混ぜる。生地にコシが出てなめらかになり、手や台につかなくなるまでしっかりこねる。

2 生地をひとまとめにし、濡れ布きんをかぶせて1時間30分発酵させる。

3 打ち粉をした作業台の上で、生地を1個約300gに3分割してラグビーボール形に丸める。濡れ布きんをかぶせて30分休ませる。

4 生地を手のひらで軽く押さえて平らにする。生地を横長に向け、向こうから1/3を手前に折り、指で閉じ目を押さえる（写真1）。生地を180°回転させ、今度は1/3より少し奥を手前に折り、閉じ目を押さえる。最後に手前に2つに折って、手のひらのつけ根で閉じ目を押さえてくっつける（写真2）。

5 生地に手をあてて転がし、55cmの長さで両端のとがった形にのばす（写真3）。残りの生地も同様にして成形する。

6 粉をふったキャンバス地の上に布どりし、閉じ目を下にして生地を並べる。濡れ布きんをかぶせて1時間40分発酵させる（写真4）。

7 オーブンの下段に天板を1枚差し込み、230℃に予熱しておく。オーブンペーパーを敷いた別の天板の上に、閉じ目を下にして生地を並べる。表面に粉をふるい、やや斜めに4本クープを入れる（クープはそれぞれ1/3くらいずらして入れる［写真5］）。オーブンが温まったら庫内の天板に水50cc（分量外）を注ぎ、すぐに生地をのせた天板を入れて20分焼く。

8 オーブンからバゲットを取り出し、網などに移して粗熱を取る。

ポルカ

La polka

🕐🕐 時間 🕐🕐

ミキシング　　　16分
オートリーズ　　1時間
一次発酵　　　　1時間30分
（このあと30分休ませる）
二次発酵　　　　1時間30分
焼成　　　　　　25分

材料
2個分（1個約460g）

小麦粉（タイプ65）—— 500g
水 ——————————— 325g
ルヴァンリキッド ——— 100g
生イースト ——————— 3g
塩 —————————————— 10g

作り方

1　生地をこねる。

　　卓上ミキサーの場合：ミキサーのボウルに小麦粉と水を入れ、低速で5分回して混ぜる。ボウルをミキサーから外し、濡れ布きんをかぶせて1時間休ませる。ルヴァンリキッド、生イースト、塩を加え、まずは低速で4分回したあと、高速で7分回してミキシングする。

　　手ごねの場合：作業台（またはボウル）に小麦粉を盛り、真ん中に大きなくぼみを作る。くぼみ部分に水の2/3量を注ぎ、全体がなじむまで混ぜる。濡れ布きんをかぶせて1時間休ませる。残りの水、ルヴァンリキッド、生イースト、塩を加え、よく混ぜ合わせる。生地にコシが出てなめらかになり、手や台につかなくなるまでしっかりこねる。

2　生地をひとまとめにし、濡れ布きんをかぶせて1時間30分発酵させる。

3　打ち粉をした作業台の上で、生地を1個約460gに2分割してラグビーボール形に丸める。濡れ布きんをかぶせて30分休ませる。

4　生地を手のひらで軽く押さえて平らにする（写真1）。生地を横長に向け、向こうから1/3を手前に折り、手のひらのつけ根で閉じ目を押さえる（写真2）。生地を180°回転させ、今度は1/3より少し奥を手前に折り、閉じ目を押さえる。最後に手前に2つに折って、手のひらのつけ根で閉じ目を押さえてくっつける。

5　生地に手をあてて転がし、50cmくらいの長さで両端のとがった形にのばす。残りの生地も同様にして成形する。

6 オーブンペーパーを敷いた天板の上に、閉じ目を下にして生地を並べる。生地の表面に粉をふるい（写真3）、取り板などで押して平らにならす（写真4）。濡れ布きんをかぶせて1時間30分発酵させる。

7 オーブンの下段に別の天板を1枚差し込み、230℃に予熱しておく。生地の表面にポルカ模様（ひし形格子）のクープを入れる（写真5&6）。オーブンが温まったら庫内の天板に水50cc（分量外）を注ぎ、すぐに生地をのせた天板を入れて25分焼く。

8 オーブンからパンを取り出し、網などに移して粗熱を取る。

エピ、フィセル、トレス（三つ編みパン）

L'épi, la ficelle et la tresse

⏱ 時間 ⏱

ミキシング　　16分
オートリーズ　1時間
一次発酵　　　1時間30分
（このあと30分休ませる）
二次発酵　　　1時間30分
焼成　　　　　12〜13分（エピ、フィセル）
　　　　　　　20分（トレス）

材料
フィセル＆エピ各3本分
（1本約155g）、
またはトレス3本分（1本約310g）

小麦粉（タイプ65） ── 500g
水 ───────── 325g
ルヴァンリキッド ───── 100g
生イースト ─────── 3g
塩 ──────── 10g

作り方

エピ、フィセル、トレスの生地の作り方

1 生地をこねる。

　卓上ミキサーの場合：ミキサーのボウルに小麦粉と水を入れ、低速で5分回して混ぜる。ボウルをミキサーから外し、濡れ布きんをかぶせて1時間休ませる。ルヴァンリキッド、生イースト、塩を加え、まずは低速で4分回したあと、高速で7分回してミキシングする。

　手ごねの場合：作業台（またはボウル）に小麦粉を盛り、真ん中に大きなくぼみを作る。くぼみ部分に水の2/3量を注ぎ、全体がなじむまで混ぜる。濡れ布きんをかぶせて1時間休ませる。残りの水、ルヴァンリキッド、生イースト、塩を加え、よく混ぜ合わせる。生地にコシが出てなめらかになり、手や台につかなくなるまでしっかりこねる。

2 生地をひとまとめにし、濡れ布きんをかぶせて1時間30分発酵させる。

3 フィセル3本とエピ3本を作る場合（計6本、トレスを作る場合はp61参照）：打ち粉をした作業台の上で、生地を1個約155gに6分割してラグビーボール形に丸める。濡れ布きんをかぶせて30分休ませる。

4 生地を手のひらで軽く押さえて平らにする。生地を横長に向け、向こうから1/3を手前に折り、指で閉じ目を押さえる。生地を180°回転させ、今度は1/3より少し奥を手前に折り、閉じ目を押さえる。最後に手前に2つに折って、手のひらのつけ根で閉じ目を押さえてくっつける。

5 生地に両手をあてて転がし、50〜55cmくらいの長さで両端がとがった形にのばす。残りの生地も同様にして成形する。

memo　フィセルとエピをそれぞれ6本ずつ作ってもOKです。

エ ピ

l'épi

作り方

1. 生地を作る（p58 1〜5 参照）。

2. オーブンペーパーを敷いた天板の上に、閉じ目を下にして生地3本を並べる。濡れ布きんをかぶせて1時間30分発酵させる。

3. オーブンの下段に別の天板を1枚差し込み、230℃に予熱しておく。生地の表面に縦に1本クープを入れ（任意）、ハサミで軽く斜めに切り込みを等間隔で5本入れる（写真1）。切り込みを入れた生地を手で交互に右と左に向け（写真2）、6つの"稲穂（エピ）"に見立てる。

   memo　ハサミの先端に粉をふるっておくと、切る際に生地がくっつきません。

4. オーブンが温まったら庫内の天板に水50cc（分量外）を注ぎ、すぐに生地をのせた天板を入れて約20分焼く。

5. オーブンからパンを取り出し、網などに移して粗熱を取る。

la ficelle

作り方

1　生地を作る（p58 **1**〜**5** 参照）。

2　オーブンペーパーを敷いた天板の上に、閉じ目を下にして生地3本を並べる。濡れ布きんをかぶせて1時間30分発酵させる。

3　オーブンの下段に別の天板を1枚差し込み、230℃に予熱しておく。生地の表面に軽く粉をふるい（写真1）、やや斜めに4〜5本クープを入れる（クープはそれぞれ1/3くらいずらして入れる、写真2&3）。

4　オーブンが温まったら庫内の天板に水50cc（分量外）を注ぎ、すぐに生地をのせた天板を入れて12〜13分焼く。

5　オーブンからパンを取り出し、網などに移して粗熱を取る。

トレス（三つ編みパン）

la tresse

作り方

1 生地を作る（p58 1 〜 2 参照）。

2 打ち粉をした作業台の上で、生地を1個約105gに9分割して丸形に丸め、濡れ布きんをかぶせて30分休ませる。

3 生地を手のひらで軽く押さえて平らにする。向こうから1/3を手前に折り、指で閉じ目を押さえる。生地を180°回転させ、今度は1/3より少し奥を手前に折り、閉じ目を押さえる。最後に手前に2つに折って、手のひらのつけ根で閉じ目を押さえてくっつける。

4 生地に両手をあてて転がし、30cmくらいの長さ（直径約1.5cm）のひも状にのばす。残りの生地も同様にして成形する。

memo ひもの中心部分には少しふくらみを持たせます。

5 ひも状にした生地2本の端を斜めに重ねる（二等辺三角形の2辺をイメージする）。その中央に3本目をさらに重ねて押さえる。この3本の生地で三つ編みを編む（写真1&2）。最後まで編んだら、3本の先端を重ねて押さえる。残りの生地も同様にして三つ編みにする。

6 オーブンペーパーを敷いた天板の上に生地を並べ（写真3）、濡れ布きんをかぶせて1時間30分発酵させる。

7 オーブンの下段に別の天板を1枚差し込み、230℃に予熱しておく。オーブンが温まったら庫内の天板に水50cc（分量外）を注ぎ、すぐに生地をのせた天板を入れて約20分焼く。

8 オーブンからパンを取り出し、網などに移して粗熱を取る。

ガッシュ

La gâche

⏱ ⏱ 時間 ⏱ ⏱

ミキシング	10分
一次発酵	1時間30分
（このあと30分休ませる）	
二次発酵	1時間30分
焼成	18分

材料
3個分（1個約300g）

小麦粉（タイプ65）	─ 500g
水	─ 350g
ルヴァンリキッド	─ 100g
生イースト	─ 3g
塩	─ 10g

作り方

1 生地をこねる。

   卓上ミキサーの場合：ミキサーのボウルに小麦粉、水、ルヴァンリキッド、生イースト、塩を入れ、まずは低速で4分回したあと、高速で6分回してミキシングする。

   手ごねの場合：作業台（またはボウル）に小麦粉を盛り、真ん中に大きくくぼみを作る。くぼみ部分に水の半量、ルヴァンリキッド、生イースト、塩を入れ、ざっと混ぜる。残りの水を加え、全体がなじむまでよく混ぜる。生地にコシが出てなめらかになり、手や台につかなくなるまでしっかりこねる。

2 生地をひとまとめにし、濡れ布きんをかぶせて1時間30分発酵させる。

3 打ち粉をした作業台の上で、生地を1個約300gに3分割して丸形に丸める。濡れ布きんをかぶせて30分休ませる。

4 生地を手のひらで軽く押さえ、直径15cmくらいの平らな円形にする。打ち粉をしたキャンバス地の上に布どりし、閉じ目を上にして生地を並べる。濡れ布きんをかぶせて1時間30分発酵させる。

5 オーブンの下段に天板を1枚差し込み、230℃に予熱しておく。オーブンペーパーを敷いた別の天板の上に、閉じ目を下にして生地を並べ、表面に格子のクープを入れる。

6 オーブンが温まったら庫内の天板に水50cc（分量外）を注ぎ、すぐに生地をのせた天板を入れて18分焼く。

7 オーブンからパンを取り出し、網などに移して粗熱を取る。

グロ・パン

Le gros pain

🕐🕐 時間 🕐🕐

ミキシング	16分
オートリーズ	1時間
一次発酵	1時間15分
（このあと30分休ませる）	
二次発酵	2時間
焼成	35分

材料
2個分（1個約460g）

小麦粉（タイプ65）	—— 500g
水	—— 330g
ルヴァンリキッド	—— 100g
生イースト	—— 3g
塩	—— 10g

作り方

1　生地をこねる。

卓上ミキサーの場合：ミキサーのボウルに小麦粉と水を入れ、低速で5分回して混ぜる。ボウルをミキサーから外し、濡れ布きんをかぶせて1時間休ませる。ルヴァンリキッド、生イースト、塩を加え、まずは低速で4分回したあと、高速で7分回してミキシングする。

手ごねの場合：作業台（またはボウル）に小麦粉を盛り、真ん中に大きなくぼみを作る。くぼみ部分に水を注ぎ、全体がなじむまで混ぜる。濡れ布きんをかぶせて1時間休ませる。ルヴァンリキッド、生イースト、塩を加え、よく混ぜ合わせる。生地にコシが出てなめらかになり、手や台につかなくなるまでしっかりこねる。

2　生地をひとまとめにし、濡れ布きんをかぶせて1時間15分発酵させる。

3　打ち粉をした作業台の上で、生地を1個約460gに2分割してラグビーボール形に丸める。濡れ布きんをかぶせて30分休ませる。

4　生地を手のひらで軽く押さえて平らにする。生地を横長に向け、向こうから1/3を手前に折り、手のひらのつけ根で閉じ目を押さえる（写真1）。生地を180°回転させ（写真2）、今度は1/3より少し奥を手前に折り、閉じ目を押さえる。最後に手前に2つに折って、手のひらのつけ根で閉じ目を押さえてくっつける（写真3）。

5　生地に手をあてて転がして、50cmくらいの長さにのばし（写真4）、両端は丸みをもたせる。残りの生地も同様にして成形する。

6　オーブンペーパーを敷いた天板の上に、閉じ目を下にして生地を並べる。濡れ布きんをかぶせて2時間発酵させる。

7　オーブンの下段に別の天板を1枚差し込み、230℃に予熱しておく。生地の表面にやや斜めに3本クープを入れる（写真5）。オーブンが温まったら庫内の天板に水50cc（分量外）を注ぎ、すぐに生地をのせた天板を入れて35分焼く。

8　オーブンからパンを取り出し、網などに移して粗熱を取る。

リュスティック

Le pain rustique

⏱ 時間 ⏱

ミキシング	9分
一次発酵	1時間30分
(このあと30分休ませる)	
二次発酵	1時間30分
焼成	25分

材料
3個分(1個約300g)

小麦粉(タイプ65)	400g
そば粉	100g
ロースト麦芽(任意)	3g
水	300g
ルヴァンリキッド	100g
生イースト	2g
塩	10g

作り方

1️⃣ 生地をこねる。

　　卓上ミキサーでこねる場合：ミキサーのボウルに2種の粉、ロースト麦芽、水、ル
　　ヴァンリキッド、生イースト、塩を入れ、まずは低速で4分回したあと、高速で5分
　　回してミキシングする。

　　手ごねの場合：作業台（またはボウル）に2種の粉とロースト麦芽を盛り（写真
　　1）、真ん中に大きなくぼみを作る。くぼみ部分に水の半量を少しずつ入れ（写真
　　2）、ルヴァンリキッド、生イースト、塩を加え、ざっと混ぜる。残りの水を加え、全
　　体がなじむまでよく混ぜる（写真3）。生地を作業台に力強くたたきつけ、手前に
　　引っぱりあげて向こう側に折りたたみ、再びたたきつける。これを繰り返し、生地
　　にコシが出てなめらかになり、手や台につかなくなるまでしっかりこねる（写真4、
　　5、6）。

2️⃣ 生地をひとまとめにし、濡れ布きんをかぶせて1時間30分発酵させる。

3️⃣ 打ち粉をした作業台の上で、生地を1個約300gに3分割し（写真7）、それぞれラ
　　グビーボール形に丸める（写真8）。濡れ布きんをかぶせて30分休ませる。

4️⃣ 生地を手のひらで軽く押さえて平らにする。向こうから1/3を手前に折り、指で閉
　　じ目を押さえる。生地を180°回転させ、今度は1/3より少し奥を手前に折り、閉
　　じ目を押さえる。最後に手前に2つに折って、手のひらのつけ根で閉じ目を押さえ
　　てくっつける。

5️⃣ 生地に手をあてて転がし、バタール形にする。他の生地も同様にして成形する。

6️⃣ オーブンペーパーを敷いた天板の上に、閉じ目を下にして生地を並べる。濡れ布
　　きんをかぶせて1時間30分発酵させる。

7️⃣ オーブンの下段に別の天板を1枚差し込み、240℃に予熱しておく。生地の表面
　　に粉をふるい、ポルカ模様（ひし形格子）のクープを入れる（写真9）。

8️⃣ オーブンが温まったら庫内の天板に水50cc（分量外）を注ぎ、すぐに生地をのせ
　　た天板を入れて25分焼く。

9️⃣ オーブンからパンを取り出し、網などに移して粗熱を取る。

Les pains
spéciaux

スペシャルなパン／粉にこだわったパン

ふすま入り石臼挽き全粒粉のパン

Le pain
du premier broyage

⏱⏱ **時間** ⏱⏱

ミキシング　　12分30秒
一次発酵　　2時間
（このあと30分休ませる）
二次発酵　　2時間
焼成　　　　　25分

材料
3個分（1個約330g）

小麦粉（タイプ65）—— 400g
ふすま入り石臼挽き全粒粉
————————— 75g
ライ麦全粒粉（タイプ170）
————————— 25g
ルヴァンリキッド —— 100g
生イースト —————— 1g
グロセル（粗塩）——— 10g
グレープシードオイル — 10g
ぬるま湯（28〜30℃）— 360g

作り方

1 28〜30℃のぬるま湯を用意する（写真1）。

memo このレシピはイーストがごく少量なので、イーストを効率的に活動させるため、ぬるま湯を使います。

2 生地をこねる。

卓上ミキサーの場合：ミキサーのボウルに3種の粉、ルヴァンリキッド、生イースト、グロセル、**1**のぬるま湯の3/4量を入れ、低速で12分回してミキシングする。生地が十分になめらかになったら、残りのぬるま湯とグレープシードオイルを加え、高速で30秒回して混ぜる。

手ごねの場合：作業台（またはボウル）に3種の粉を盛り、真ん中に大きなくぼみを作る。くぼみ部分に**1**のぬるま湯の半量、グレープシードオイル、ルヴァンリキッド、生イースト、グロセルを入れ、ざっと混ぜる。少しずつ残りのぬるま湯を加えながら、全体がなじむまでよく混ぜ合わせる。生地にコシが出てなめらかになり、手や台につかなくなるまでしっかりこねる。

3 生地をひとまとめにし、濡れ布きんをかぶせ（写真2）、2時間発酵させる（写真3）。途中で1度パンチを入れる（生地を2つに折る）。

4 打ち粉をした作業台の上で、生地を1個約330gに3分割し（写真4）、それぞれ丸形に丸める。濡れ布きんをかぶせて30分休ませる。

5 生地を手のひらで軽く押さえて平らにする。向こうから1/3より少し手前を折り、手前の生地をその上にかぶせるように折り返し、指でしっかり閉じ目を押さえる（写真5）。

6 粉をふったキャンバス地の上に布どりし、閉じ目を下にして生地を並べる。濡れ布きんをかぶせて2時間発酵させる。

7 オーブンの下段に天板を1枚差し込み、230℃に予熱しておく。オーブンペーパーを敷いた別の天板の上に、閉じ目を上にして生地を並べる。オーブンが温まったら庫内の天板に水50cc（分量外）を注ぎ、すぐに生地をのせた天板を入れて25分焼く。

8 オーブンからパンを取り出し、網などに移して粗熱を取る。

1

2

3

4

5

とうもろこしのパン

Le pain
à la farine de maïs

🕐🕐 **時間** 🕐🕐

ミキシング　　10分

一次発酵　　45分
（このあと30分休ませる）

二次発酵　　1時間20分

焼成　　　　25分

材料
3個分（1個約300g）

小麦粉（タイプ65）—— 300g

コーンフラワー（とうもろこし粉）
——————————— 200g

水 —————————— 320g

ルヴァンリキッド ——— 100g

生イースト ——————— 3g

塩 ——————————— 10g

作り方

1　生地をこねる。

　卓上ミキサーの場合:ミキサーのボウルに2種の粉、水、ルヴァンリキッド（写真1）、生イースト、塩を入れ、まずは低速で4分回し（写真2）、高速で6分回してミキシングする（写真3）。

　手ごねの場合:作業台（またはボウル）に2種の粉を盛り、真ん中に大きなくぼみを作る。くぼみ部分に水の半量、ルヴァンリキッド、生イースト、塩を入れ、ざっと混ぜる。残りの水を加え、全体がなじむまでよく混ぜる。生地にコシが出てなめらかになり、手や台につかなくなるまでしっかりこねる。

2　生地をひとまとめにし、濡れ布きんをかぶせて45分発酵させる。

3　打ち粉をした作業台の上で、生地を1個約300gに3分割して丸形に丸める（写真4）。濡れ布きんをかぶせて30分休ませる。

4　生地を手のひらで軽く押さえて平らにする。向こうから1/3を手前に折り（写真5）、手のひらのつけ根で閉じ目を押さえる（写真6）。生地を180°回転させ（写真7）、今度は1/3より少し奥を手前に折り、閉じ目を押さえる。最後に手前に2つに折って、手のひらのつけ根で閉じ目を押さえてくっつける（写真8&9）。

5　生地に手をあてて転がし、バタール形にする（写真10）。他の生地も同様にして成形する。

6　オーブンペーパーを敷いた天板の上に、閉じ目を下にして生地を並べる。濡れ布きんをかぶせて1時間20分発酵させる。

7　オーブンの下段に別の天板を1枚差し込み、230℃に予熱しておく。生地の表面に縦に5本クープを入れる。

　memo　まずは中心に1本入れ、左右に2本ずつ入れます（写真11）。

8　オーブンが温まったら庫内の天板に水50cc（分量外）を注ぎ、すぐに生地をのせた天板を入れて25分焼く。

9　オーブンからパンを取り出し、網などに移して粗熱を取る。

雑穀パン

Le pain
multigrains

作り方

1. 天板の上に生地用の雑穀を広げ、200～250℃に予熱したオーブンで10分ほど色づいて香ばしい香りがするまでローストする。すぐに水60gを入れたボウルにあけ、一晩水に浸しておく。

2. 生地をこねる。

   卓上ミキサーの場合：ミキサーのボウルに小麦粉、水、ルヴァンリキッド、生イースト、塩を入れ、まずは低速で4分回したあと、高速で6分回してミキシングする。こね上がったら、1 の雑穀を水ごと加えて混ぜる。

   手ごねの場合：作業台（またはボウル）に小麦粉を盛り、真ん中に大きなくぼみを作る。くぼみ部分に水の半量、ルヴァンリキッド、生イースト、塩を入れ、ざっと混ぜる。残りの水と 1 の雑穀を水ごと加え、全体がなじむまでよく混ぜ合わせる。生地にコシが出てなめらかになり、手や台につかなくなるまでしっかりこねる。

3. 生地をひとまとめにし、濡れ布きんをかぶせて1時間30分発酵させる。

4. 打ち粉をした作業台の上で、生地を1個約350gに3分割して丸形に丸める。濡れ布きんをかぶせて15分休ませる。

5. 生地を手のひらで軽く押さえて平らにする。向こうから1/3を手前に折り、指で閉じ目を押さえる。生地を180°回転させ、今度は1/3より少し奥を手前に折り、閉じ目を押さえる。最後に手前に2つに折って、手のひらのつけ根で閉じ目を押さえてくっつける。

6. 生地に手をあてて転がし、バタール形にする（閉じ目が下にくるようにする）。他の生地も同様にして成形する。

7. トッピング用の雑穀をバットに広げる。生地の表面に刷毛で水を塗るか霧吹きで水を吹きかけて湿らせ、雑穀にあててまぶす。すぐにオーブンペーパーを敷いた天板の上に並べ、濡れ布きんをかぶせて2時間発酵させる。

8. オーブンの下段に別の天板を1枚差し込み、230℃に予熱しておく。生地の表面中央に縦に1本クープを入れる。オーブンが温まったら庫内の天板に水50cc（分量外）を注ぎ、すぐに生地をのせた天板を入れて20～25分焼く。

9. オーブンからパンを取り出し、網などに移して粗熱を取る。

時間

雑穀の焙煎	10分
ミキシング	10分
一次発酵	1時間30分
（このあと15分休ませる）	
二次発酵	2時間
焼成	20～25分

材料
3個分（1個約350g）

雑穀（マルチシリアル）	90g（生地用）
	＋適量（トッピング用）
小麦粉（タイプ65）	500g
水	300g
	＋60g（雑穀の吸水用）
ルヴァンリキッド	100g
生イースト	3g
塩	10g

memo 　雑穀（マルチシリアル）は、亜麻の実、けしの実、ごま、キビ、キノアなどを用意しましょう。

カムット小麦のパン

Le pain de Kamut®

🕐 時間 🕐🕐

ミキシング	8分
一次発酵	1時間30分

（このあと30分休ませる）

二次発酵	1時間30分
焼成	25分

材料
3個分（1個約320g）

オーガニックのカムット小麦	300g
オーガニック小麦粉（タイプ65）	200g
水	300g
オーガニックのルヴァンリキッド	150g
生イースト	1g
塩	10g

memo　カムット小麦は、古代硬質小麦でデュラム小麦の先祖。脱穀して粒にしたものが日本でも入手可能です。できれば、風味のよいオーガニックの素材を用意してカムット小麦本来の味わいを楽しんでください。

作り方

1. 生地をこねる。

    卓上ミキサーでこねる場合:ミキサーのボウルに2種の粉、水、ルヴァンリキッド、生イースト、塩を入れ、まずは低速で4分回したあと、高速で4分回してミキシングする。

    手ごねの場合:作業台(またはボウル)に2種の粉を盛り(写真1)、真ん中に大きなくぼみを作る。くぼみ部分に水の半量、ルヴァンリキッド、生イースト、塩を入れ、ざっと混ぜる(写真2)。残りの水を加え、全体がなじむまでよく混ぜる。生地にコシが出てなめらかになり、手や台につかなくなるまでしっかりこねる。

2. 生地をひとまとめにし、濡れ布きんをかぶせて1時間30分発酵させる(写真3)。

3. 打ち粉をした作業台の上で、生地を1個約320gに3分割し(写真4)、それぞれ丸形に丸める。布きんをかぶせて30分休ませる。

4. 生地を手のひらで軽く押さえて平らにする。向こうから1/3を手前に折り、指で閉じ目を押さえる(写真5)。生地を180°回転させ、今度は1/3より少し奥を手前に折り、閉じ目を押さえる(写真6)。最後に手前に2つに折って、手のひらのつけ根で閉じ目を押さえてくっつける。

5. 生地に手をあてて転がし、20cmくらいの長さにのばす(写真7)。他の生地も同様にして成形する。

6. オーブンペーパーを敷いた天板の上に、閉じ目を下にして生地を並べる。濡れ布きんをかぶせて1時間30分発酵させる。

7. オーブンの下段に別の天板を1枚差し込み、225℃に予熱しておく。生地の表面にカムット小麦(分量外)をふるい(写真8)、2本クープを入れる(写真9)。オーブンが温まったら庫内の天板に水50cc(分量外)を注ぎ、すぐに生地をのせた天板を入れて25分焼く。

    memo　カムット小麦は扱いが難しく、生地はあまりふくらみません。慣れるまでは、生地を型に入れて焼くとよいでしょう。

8. オーブンからパンを取り出し、網などに移して粗熱を取る。

最新にして最古のカムット小麦

1950年代、アメリカのとあるパイロットが、エジプトで小麦の種を発見しました。それはたいそう大きなサイズの種で、いったいどんなタイプの小麦が育つのか興味を持った彼は、友人に種を送りました。友人の父親はモンタナ州の農夫だったのです。農夫はすぐにその種を蒔き、初めて収穫した時に、期待を込めて「ツタンカーメン王の小麦」という名前をつけました。それから約30年後、農業技師のボブ・クイン（Bob Quinn）が、「カムット（Kamut®）」の名で商品化しました。カムットとは、古いエジプトの言葉で小麦を意味します。カムット小麦は、古代からチグリス・ユーフラテス川流域の肥沃な三日月地帯で栽培されていた、ホラーサン小麦*の近隣種。群を抜く栄養価の高さで、近年、注目を集めています。日本でも入手可能です。

*ホラーサンとは、イラン東部の州の名称。

パン・コンプレ（全粒粉のパン）

Le pain complet

⏱⏱ 時間 ⏱⏱

ミキシング	10分
一次発酵	**1時間**
（このあと15分休ませる）	
二次発酵	1時間30分
焼成	25分

材料
3個分（1個約325g）

全粒粉（タイプ150）	500g
水	360g
ルヴァンリキッド	100g
生イースト	3g
塩	10g

作り方

1 生地をこねる。

　卓上ミキサーの場合： ミキサーのボウルに全粒粉、水、ルヴァンリキッド、生イースト、塩を入れ、まずは低速で4分回したあと、高速で6分回してミキシングする。

　手ごねの場合： 作業台（またはボウル）に全粒粉を盛り、真ん中に大きなくぼみを作る。くぼみ部分に水の半量、ルヴァンリキッド、生イースト、塩を入れ、ざっと混ぜる。残りの水を加え、全体がなじむまでよく混ぜる（写真1）。生地にコシが出てなめらかになり、手や台につかなくなるまでしっかりこねる。

2 生地をひとまとめにし、濡れ布きんをかぶせて1時間発酵させる。

3 打ち粉をした作業台の上で、生地を1個約325gに3分割して丸形に丸める。濡れ布きんをかぶせて15分休ませる（写真2）。

4 生地を手のひらで軽く押さえて平らにする。向こうから1/3を手前に折り、指で閉じ目を押さえる。生地を180°回転させ、今度は1/3より少し奥を手前に折り、手のひらのつけ根で閉じ目を押さえる（写真3）。最後に手前に2つに折って、手のひらのつけ根で閉じ目を押さえてくっつける。

5 生地に手をあてて転がし、バタール形にする（閉じ目が下にくるようにする）。他の生地も同様にして成形する。

6 生地の表面にソーシソンのクープを入れ（写真4）、濡れ布きんをかぶせて1時間30分発酵させる（写真5）。

4

5

7 オーブンの下段に天板を1枚差し込み、230℃に予熱しておく。オーブンペーパーを敷いた別の天板の上に生地を並べる。オーブンが温まったら庫内の天板に水50cc（分量外）を注ぎ、すぐに生地をのせた天板を入れて25分焼く。

8 オーブンからパンを取り出し、網などに移して粗熱を取る。

memo 軽やかなパンに仕上げたい場合は、全粒粉の半分を、タイプ65の小麦粉に替えるとよいでしょう。

セモリナ粉のパン

Le pain
à la semoule

⏱ 時間 ⏱⏱

ミキシング	11分
一次発酵	2時間
（このあと15分休ませる）	
二次発酵	2時間
焼成	20分

材料
2個分（1個約470g）

小麦粉（タイプ65）	375g
デュラムセモリナ粉（硬質小麦）	
	125g
水	325g
ルヴァンリキッド	100g
生イースト	2g
塩	10g

7 8 9 10

11

12

作り方

1 生地をこねる。

卓上ミキサーでこねる場合：ミキサーのボウルに2種の粉、ルヴァンリキッド（写真1）、水、生イースト、塩を入れ、まずは低速で4分回し（写真2）、高速で7分回してミキシングする（写真3）。

手ごねの場合：作業台（またはボウル）に2種の粉を盛り、真ん中に大きなくぼみを作る。くぼみ部分にルヴァンリキッド、水の半量、生イースト、塩を入れ、ざっと混ぜる。残りの水を加え、全体がなじむまでよく混ぜる。生地にコシが出てなめらかになり、手や台につかなくなるまでしっかりこねる。

2 生地をひとまとめにし、デュラムセモリナ粉（分量外）をふったバヌトン（発酵カゴ）に入れる（写真4）。濡れ布きんをかぶせて2時間発酵させる（写真5）。

3 打ち粉をした作業台の上で、生地を1個約470gに2分割して丸形に丸める。濡れ布きんをかぶせて15分休ませる。

4 生地を手のひらで軽く押さえて平らにする。向こうから1/3より少し手前を折り、指で閉じ目を押さえる（写真6&7）。生地を180°回転させ（写真8）、閉じ目の部分にデュラムセモリナ粉（分量外）をふりかける（写真9）。奥の生地を折り返してかぶせ、指で閉じ目を押さえてくっつける（写真10）。もう1つの生地も同様にして成形する。

5 粉をふったキャンバス地の上に、布どりして閉じ目を下にして生地を並べる（写真11）。濡れ布きんをかぶせて2時間発酵させる。

6 オーブンの下段に天板を1枚差し込み、230℃に予熱しておく。オーブンペーパーを敷いた別の天板の上に、生地をそっと返して閉じ目を上にして並べる。

7 オーブンが温まったら庫内の天板に水50cc（分量外）を注ぎ、すぐに生地をのせた天板を入れて20分焼く（焼成によって閉じ目が開く［写真12］）。

8 オーブンからパンを取り出し、網などに移して粗熱を取る。

memo　パリッとした軽いクラストに仕上げるには、焼きすぎないようにします。

パン・ド・カンパーニュ（田舎パン）

Le pain
de campagne

🕐🕐 **時間** 🕐🕐

ミキシング	11分
一次発酵	2時間
（このあと30分休ませる）	
二次発酵	1時間30分
焼成	25分

材料
3個分（1個約310g）

ライ麦粉	50g
小麦粉（タイプ65）	450g
水	340g
ルヴァンリキッド	100g
生イースト	2g
塩	10g

作り方

1. 生地をこねる。

   卓上ミキサーの場合：ミキサーのボウルに2種の粉、水、ルヴァンリキッド、生イースト、塩を入れ、まずは低速で4分回したあと、高速で7分回してミキシングする。

   手ごねの場合：作業台（またはボウル）に2種の粉を盛り、真ん中に大きなくぼみを作る。くぼみ部分に水の半量、ルヴァンリキッド、生イースト、塩を入れ、くぼみの内側を混ぜる（写真1）。残りの水を加え、全体がなじむまでよく混ぜる。生地にコシが出てなめらかになり、手や台につかなくなるまで、たたむようにして力強くこね上げる（写真2＆3）。

2. 生地をひとまとめにし（写真4）、濡れ布きんをかぶせて2時間発酵させる。途中で1度パンチを入れる（生地を2つに折る）。

3. 打ち粉をした作業台の上で、生地を1個約310gに3分割して丸形に丸める。濡れ布きんをかぶせて30分休ませる。

4. 生地を手のひらで軽く押さえて平らにする。向こうから1/3を手前に折り、指で閉じ目を押さえる（写真5）。生地を180°回転させ、今度は1/3より少し奥を手前に折り、閉じ目を押さえる。最後に手前に2つに折って、手のひらのつけ根で閉じ目を押さえてくっつける（写真6）。

5. 生地に手をあてて転がし、バタール形にする（写真7）。他の生地も同様に成形する。

6. 粉をふったキャンバス地の上に布どりし、閉じ目を上にして生地をのせる。濡れ布きんをかぶせて1時間30分発酵させる。

7. オーブンの下段に天板を1枚差し込み、230℃に予熱しておく。オーブンペーパーを敷いた別の天板の上に、閉じ目を下にして生地をのせる。表面に縦に1本か横に2本クープを入れる（写真8）。

8. オーブンが温まったら庫内の天板に水50cc（分量外）を注ぎ、すぐに生地をのせた天板を入れて10分焼き、温度を210℃に下げてさらに15分焼く。

9. オーブンからパンを取り出し、網などに移して粗熱を取る。

ふすまパン

Le pain de son

⏱⏱ **時間** ⏱⏱

ミキシング	10分
一次発酵	45分
(このあと30分休ませる)	
二次発酵	1時間30分
焼成	45分

材料

1個分(約930g)

小麦ふすま	150g
小麦粉(タイプ65)	300g
ライ麦粉	50g
水	320g
ルヴァンリキッド	100g
生イースト	3g
塩	10g
ひまわり油	適量(成形用)

作り方

1 生地をこねる。

   卓上ミキサーの場合:ミキサーのボウルに3種の粉、水、ルヴァンリキッド、生イースト、塩を入れ、まずは低速で4分回したあと、高速で6分回してミキシングする。

   手ごねの場合:作業台(またはボウル)に3種の粉を盛り、真ん中に大きなくぼみを作る。くぼみ部分に水の半量、ルヴァンリキッド、生イースト、塩を入れ、ざっと混ぜる。残りの水を加え、全体がなじむまでよく混ぜる。生地にコシがでてなめらかになり、手や台につかなくなるまでしっかりこねる。

2 生地をひとまとめにし、濡れ布きんをかぶせて45分発酵させる。

3 打ち粉をした作業台の上で、生地を軽く丸めなおし、濡れ布きんをかぶせて30分休ませる。

4 作業台に刷毛で油を塗り、生地を裏返してのせる。周囲から中心に向かって折りたたみ、閉じ目を指で押さえる。再び生地を裏返し、生地をはさむように両手をあて、下部を締めつけながら回転させて均一に丸める(台に油をひいてあるので、閉じ目は閉じてしまわない)。濡れ布きんをかぶせて1時間30分発酵させる。

5 オーブンの下段に天板を1枚差し込み、230℃に予熱しておく。オーブンペーパーを敷いた別の天板の上に、閉じ目を上にして生地をのせる。オーブンが温まったら庫内の天板に水50cc(分量外)を注ぎ、すぐに生地をのせた天板を入れて45分焼く。

6 オーブンからパンを取り出し、網などに移して粗熱を取る。

セーグル（ライ麦パン）

Le pain
de seigle

🕐🕐 時間 🕐🕐

ミキシング	8分
一次発酵	1時間
（このあと15分休ませる）	
二次発酵	1時間
焼成	30分

材料
3個分（1個約320g）

ライ麦全粒粉（タイプ130またはタイプ170）
　　　　　　　　 350g
小麦粉（タイプ65）── 150g
水 ─────────── 360g
ルヴァンリキッド ──── 100g
生イースト ─────── 2g
塩 ───────────── 10g

作り方

1. 生地をこねる。

   卓上ミキサーでこねる場合：ミキサーのボウルに2種の粉、水、ルヴァンリキッド、生イースト、塩を入れ、まずは低速で7分回したあと、高速で1分回してミキシングする（写真1）。

   手ごねの場合：作業台（またはボウル）に2種の粉を盛り、真ん中に大きなくぼみを作る。くぼみ部分に水の半量、ルヴァンリキッド、生イースト、塩を入れ、ざっと混ぜる。残りの水を加え、全体がなじむまでよく混ぜる。生地にコシが出てなめらかになり、手や台につかなくなるまでしっかりこねる。

2. 生地をひとまとめにし、濡れ布きんをかぶせて1時間発酵させる。

3. 打ち粉をした作業台の上で、生地を1個約320gに3分割し（写真2）、それぞれ丸形に丸める。濡れ布きんをかぶせて15分休ませる。

4. 生地を手のひらで軽く押さえて平らにする（写真3）。向こうから1/3を手前に折り（写真4）、手のひらのつけ根で閉じ目を押さえる。生地を180°回転させ、今度は1/3より少し奥を手前に折り、閉じ目を押さえる（写真5）。最後に手前に2つに折って、手のひらのつけ根で閉じ目を押さえてくっつける（写真6）。

5. 生地に両手をあてて転がし、バタール形にする（写真7）。他の生地も同様にして成形する。

6. 粉をふったキャンバス地の上に布どりし、閉じ目を下にして生地を並べる。

   memo　布どりせずに、生地を直接オーブンペーパーを敷いた天板の上に並べてもOKです。

7. 生地の表面にライ麦粉（分量外）をふるい（写真8）、シュヴロン（山形模様）のクープを入れる（切り込みの間隔は指1本分を取る［写真9］）。濡れ布きんをかぶせて1時間発酵させる（写真10）。

   memo　二次発酵の時間が長すぎると、焼成の際に生地がしぼんでしまう恐れがあるので、過発酵しないように気をつけましょう。

8. オーブンの下段に天板を1枚差し込み、225℃に予熱しておく。オーブンペーパーを敷いた別の天板の上に、生地をそっと並べる。オーブンが温まったら庫内の天板に水50cc（分量外）を注ぎ、すぐに生地をのせた天板を入れて30分焼く。

9. オーブンからパンを取り出し、網などに移して粗熱を取る。

メテイユ*（混合麦のパン）

Le pain de méteil

時間

ミキシング	9分
一次発酵	1時間30分
（このあと15分休ませる）	
二次発酵	1時間30分
焼成	45分

材料

1個分（約960g）

ライ麦全粒粉（タイプ130またはタイプ170）	
	250g
小麦粉（タイプ65）	250g
水	350g
ルヴァンリキッド	100g
生イースト	2g
塩	10g

作り方

1 生地をこねる。

  卓上ミキサーの場合： ミキサーのボウルに2種の粉、水、ルヴァンリキッド、生イースト、塩を入れ、まずは低速で7分回したあと、高速で2分回してミキシングする。

  手ごねの場合： 作業台（またはボウル）に2種の粉を盛り（写真1）、真ん中に大きなくぼみを作る。くぼみ部分に水の半量、ルヴァンリキッド、生イースト、塩を入れ、ざっと混ぜる。残りの水を加え、全体がなじむまでよく混ぜる。生地にコシが出てなめらかになり、手や台につかなくなるまでしっかりこねる。

2 生地をひとまとめにし、濡れ布きんをかぶせて1時間30分発酵させる。

3 打ち粉をした作業台の上で、生地を軽く丸めなおす。濡れ布きんをかぶせて15分休ませる。

4 生地を手のひらで軽く押さえて平らにし（写真2）、裏返す。周囲から中心に向かって折りたたみ（写真3、4、5）、閉じ目を両手で押さえる（写真6）。

5 生地を巻き（写真7）、巻き終わりを下にする。生地をはさむように両手をあて、下部を締めつけながら回転させ（写真8）、均一に丸める。

6 生地を板（または直接、オーブンペーパーを敷いた天板）の上に、閉じ目を下にしてのせる。濡れ布きんをかぶせて1時間30分発酵させる。

7 オーブンの下段に天板を1枚差し込み、225℃に予熱しておく。オーブンペーパーを敷いた別の天板の上に生地を移し、表面にライ麦全粒粉（分量外）をふるい（写真9）、十字のクープを入れる（写真10）。オーブンが温まったら庫内の天板に水50cc（分量外）を注ぎ、すぐに生地をのせた天板を入れて15分焼き、温度を210℃に下げてさらに30分焼く。

8 オーブンからパンを取り出し、網などに移して粗熱を取る。

*「メテイユ（méteil）」という言葉は、古典ラテン語のmixtusから派生した、俗ラテン語のmistilium（混合、混合物）が語源。色々な穀物を混ぜること、あるいは、穀物とさやのある植物を混植栽培することを意味します。現代では、ライ麦と小麦が一緒に栽培されることは極めて稀ですが、パンの世界で「メテイユ」と言えば、ライ麦と小麦を同じ比率で混ぜたパンのことです。

グルテンフリーのとうもろこしパン

Le pain sans gluten
à la farine de maïs

🕐🕐 時間 🕐🕐

焼成　　　　25分

＊このパンは、グルテンフリーなので、ミキシングする必要はありません。
　生地はさっくり混ぜるだけでOKです。

材料
6個分（1個約140g）
［ミニパウンド型（長さ約100mm）6台分］

牛乳	220g
コーンフラワー（とうもろこし粉）	330g
塩	7g
室温に戻したバター	60g
卵黄	80g
生イースト	20g
卵白	120g
溶かしバター	適量（型に塗る分）

作り方

1. 片手鍋に牛乳の2/3量、コーンフラワー、塩、バターを入れる（写真1、2、3）。鍋を弱火にかけ、ホイッパーで力強く混ぜながら、ポレンタのような濃度になるまで約10分加熱する（写真4&5）。鍋を火からおろし、そのままおいて冷ましておく。

2. 大きなボウルに卵黄を入れ、クリーム状になるまでホイッパーで混ぜる（写真6）。

3. 別のボウルに残りの牛乳と生イーストを入れ、ホイッパーで混ぜて溶く（写真7）。

4. ２の卵黄を３に加え（写真8）、なめらかで均一なクリーム状になるまでホイッパーで混ぜる（写真9）。これに１を少量ずつ加え（写真10）、ボウルの縁を定期的にこそぎながら、なめらかな生地になるまで混ぜる（写真11）。

5. 卵白をメレンゲ状に泡立て（写真12）、約1/5量を４に加えていったん混ぜる。生地をそっとゴムベラで返すようにしながら、残りの卵白をさっくり混ぜ込んでいく（写真13）。

6. オーブンの下段に天板を1枚差し込み、180℃に予熱しておく。型に刷毛でバターを塗り、５の生地をそれぞれ型の高さの2/3まで流し込み、表面をならす（写真14）。型ごと網の上に並べる。

7. オーブンが温まったら庫内の天板に水50cc（分量外）を注ぎ、すぐに生地をのせた網を入れて25分焼く。

8. オーブンからパンを取り出して型から外し、網などに移して粗熱を取る。

グルテンフリーの栗粉のパン

Le pain sans gluten
à la farine de châtaigne

🕐🕐 時間 🕐🕐

休ませる時間 1時間

焼成 25分
　　　　＋火を消した状態で10分

＊このパンは、グルテンフリーなので、ミキシングする必要はありません。生地はさっくり混ぜるだけでOKです。

材料

1個分（約910g）

栗粉	400g
大豆粉	100g
水	400g
生イースト	5g
塩	10g

memo　栗粉を使ったこのパンは、グルテンを一切含んでいないので、イーストでしか発酵しません。まずは計量から始めましょう（写真1）。

作り方

1️⃣ 生地をこねる。

　　卓上ミキサーの場合：ミキサーのボウルに栗粉、大豆粉、水、生イースト、塩を入れ、低速で回して混ぜる（完全に均一になるまで混ぜず、全体がなじむ程度でOK）。

　　手ごねの場合：作業台（またはボウル）に栗粉と大豆粉を盛り、真ん中に大きなくぼみを作る。くぼみ部分に水の半量と生イーストを入れ（写真2）、まずはくぼみの内側を手で混ぜる（写真3）。残りの水と塩を少しずつ加えながら、全体がなじむまで混ぜる（写真4）。

2️⃣ バヌトン（発酵カゴ）の内側に大豆粉（分量外）をふり（写真5）、生地を入れる（バヌトンの高さの2/3を占める状態）。生地の表面に栗粉（分量外）をふるい、1時間休ませる（写真6）。

3️⃣ オーブンの下段に天板を1枚差し込み、230℃に予熱しておく。オーブンペーパーを敷いた別の天板の上に、バヌトンをそっと返して生地をのせる。

4️⃣ オーブンが温まったら庫内の天板に水50cc（分量外）を注ぎ、すぐに生地をのせた天板を入れて25分焼き、火が消えた庫内にそのまま10分入れておく。

5️⃣ オーブンからパンを取り出し、網などに移して粗熱を取る。

Les pains bio
au levain naturel

オーガニックのパン

オーガニックのバゲット

La baguette bio

時間

ミキシング	16分
オートリーズ	1時間
一次発酵	1時間15分
(このあと30分休ませる)	
二次発酵	1時間10分
焼成	20分

材料
3本分(1本約310g)

オーガニック小麦粉(タイプ65)	
	500g
水	325g
オーガニックのルヴァンリキッド	
	100g
生イースト	3g
塩	10g

作り方

1 生地をこねる。

卓上ミキサーの場合:ミキサーのボウルに小麦粉と水を入れ、低速で5分回して混ぜる。ボウルをミキサーから外し、濡れ布きんをかぶせて1時間休ませる。ルヴァンリキッド、生イースト、塩を加え、まずは低速で4分回したあと、高速で7分回してミキシングする。

手ごねの場合:作業台(またはボウル)に小麦粉を盛り、真ん中に大きなくぼみを作る。くぼみ部分に水の2/3量を注ぎ、全体がなじむまで混ぜる。濡れ布きんをかぶせて1時間休ませる。残りの水、ルヴァンリキッド、生イースト、塩を加え、よく混ぜ合わせる。生地にコシが出てなめらかになり、手や台につかなくなるまでしっかりこねる(写真1)。

2 生地をひとまとめにし、濡れ布きんをかぶせて1時間15分発酵させる。

3 打ち粉をした作業台の上で、生地を1個約310gに3分割してラグビーボール形に丸める。濡れ布きんをかぶせて30分休ませる。

4 生地を手のひらで軽く押さえて平らにし、横長に向ける。向こうから1/3を手前に折り、指で閉じ目を押さえる。生地を180°回転させ、今度は1/3より少し奥を手前に折り、閉じ目を押さえる。最後に手前に2つに折って、手のひらのつけ根で閉じ目を押さえてくっつける(写真2)。

5 生地に両手をあてて転がし(写真3)、45cmの長さで両端のとがった形にのばす。他の生地も同様にして成形する。

6 オーブンペーパーを敷いた天板の上に、閉じ目を下にして生地を並べる。濡れ布きんをかぶせて1時間10分発酵させる。

7 オーブンの下段に別の天板を1枚差し込み、230℃に予熱しておく。生地の表面に粉をふるい(写真4)、クープを入れる(1本目は縦に1本、2本目は斜めに3本、3本目は6本の切り込みを格子状に入れる[写真5])。

8 オーブンが温まったら庫内の天板に水50cc(分量外)を注ぎ、すぐに生地をのせた天板を入れて約20分焼く。

9 オーブンからパンを取り出し、網などに移して粗熱を取る。

バリエーション：
ごまのバゲット／
けしの実のバゲット

作り方

1 大きなバットにごまか、けしの実を適量広げておく（あるいは直接、作業台の上に広げる）。

2 生地を作って成形する（オーガニックのバゲット[p102]の **5** まで参照）。

3 生地を閉じ目を下にして置き、表面に刷毛で水を塗るか霧吹きで水を吹きかけて湿らせる。この面を **1** のごま（または、けしの実）にあててまぶし、オーブンペーパーを敷いた天板の上に並べて1時間10分発酵させる。

4 生地の表面にクープを入れ、焼く（オーガニックのバゲットの **7** & **8** 参照）。

memo 亜麻の実、かぼちゃの種、きび、ひまわりの種など数種をミックスしてもOKです。

オーガニックの石臼挽き小麦の
レーズンパン

Le pain bio
à la farine de meule
et aux raisins

⏱ 時間 ⏱⏱

ミキシング	21分
オートリーズ	2時間
一次発酵	2時間30分
二次発酵	2時間30分
焼成	40分

材料
1個分（約1100g）

オーガニックの石臼挽き小麦粉（タイプ65）	
	500g
水	320g
オーガニックのルヴァンリキッド	
	125g
生イースト	1g
塩	10g
コリントレーズン	150g

作り方

1　生地をこねる。

　卓上ミキサーの場合：ミキサーのボウルに小麦粉と水を入れ、低速で6分回して混ぜる。ボウルをミキサーから外し、濡れ布きんをかぶせて2時間休ませる。ルヴァンリキッド、生イースト、塩を加え、低速で15分回してミキシングする。こね上がったらレーズンを加えて混ぜる。

　手ごねの場合：作業台（またはボウル）に小麦粉を盛り、真ん中に大きなくぼみを作る。くぼみ部分に水の2/3量を注ぎ、全体がなじむまで混ぜる。濡れ布きんをかぶせて2時間休ませる。残りの水、ルヴァンリキッド、生イースト、塩を加え、よく混ぜ合わせる。生地にコシが出てなめらかになり、手や台につかなくなるまでしっかりこねる。こね上がったらレーズンを加えて混ぜ込む。

2　生地をひとまとめにし、濡れ布きんをかぶせて2時間30分発酵させる。開始して15分経ったら1度パンチを入れ（生地を2つに折る）、さらに1時間後にもう1度パンチを入れる。

3　打ち粉をした作業台の上で、生地をはさむように両手をあて、下部を締めつけながら回転させて均一に丸める。

4　バヌトン（発酵カゴ）にまんべんなく粉をふり、閉じ目を上にして生地を入れる。周囲から中心に向かって折りたたみ、閉じ目を軽く押さえる。濡れ布きんをかぶせて2時間30分発酵させる。

5　オーブンの下段に天板を1枚差し込み、230℃に予熱しておく。オーブンペーパーを敷いた別の天板の上にバヌトンをそっと返し、閉じ目が下になるようにして生地をのせる。表面に4本、格子のクープを入れる。オーブンが温まったら庫内の天板に水50cc（分量外）を注ぎ、すぐに生地をのせた天板を入れて15分焼き、温度を200℃に下げてさらに25分焼く。

6　オーブンからパンを取り出し、網などに移して粗熱を取る。

1

2

3

4

オーガニックの全粒粉のパン

Le pain bio

⏰⏰ **時間** ⏰⏰

ミキシング	8分
一次発酵	2時間
（このあと30分休ませる）	
二次発酵	1時間30分
焼成	45分

材料
2個分（1個約460g）

オーガニック全粒粉（タイプ80）
———————————— 500g

水 ———————————— 310g

オーガニックのルヴァンリキッド
———————————— 100g

生イースト ———————— 1g

塩 ———————————— 10g

作り方

1　生地をこねる。

　　卓上ミキサーの場合：ミキサーのボウルに全粒粉、水、ルヴァンリキッド、生イースト、塩を入れ、まずは低速で4分回したあと、高速で4分回してミキシングする。

　　手ごねの場合：作業台（またはボウル）に全粒粉を盛り、真ん中に大きなくぼみを作る。くぼみ部分に水の半量、ルヴァンリキッド、生イースト、塩を入れ、ざっと混ぜる。残りの水を加え、全体がなじむまでよく混ぜる。生地にコシが出てなめらかになり、手や台につかなくなるまでしっかりこねる。

2　生地をひとまとめにし（写真1）、濡れ布きんをかぶせて2時間発酵させる。

3　打ち粉をした作業台の上で、生地を1個約460gに2分割する（写真2）。生地をはさむように両手をあて、下部を締めつけながら回転させて均一に丸める。濡れ布きんをかぶせて30分休ませる。

4　生地を両手ではさんで回転させて丸めなおし、再度生地を締める。オーブンペーパーを敷いた天板の上に閉じ目を下にして並べ、濡れ布きんをかぶせて1時間30分発酵させる（写真3）。

5　オーブンの下段に別の天板を1枚差し込み、230℃に予熱しておく。生地の表面に軽く粉をふり、車輪模様（写真4）か十字のクープを入れる。

6　オーブンが温まったら庫内の天板に水50cc（分量外）を注ぎ、すぐに生地をのせた天板を入れて15分焼き、温度を200℃に下げてさらに30分焼く。

7　オーブンからパンを取り出し、網などに移して粗熱を取る。

オーガニックのそば粉のパン

Le pain bio
au sarrasin

⏱⏱ 時間 ⏱⏱

ミキシング	10分
一次発酵	2時間
二次発酵	1時間40分
焼成	25〜30分

材料
2個分（1個約450g）

オーガニック小麦粉（タイプ65）
────── 300g
オーガニックそば粉 ── 200g
ロースト麦芽（任意）── 3g
水 ────── 300g
オーガニックのルヴァンリキッド
────── 100g
生イースト ────── 1g
塩 ────── 10g

作り方

① 生地をこねる。

卓上ミキサーの場合: ミキサーのボウルに2種の粉、ロースト麦芽（任意）、水、ルヴァンリキッド、生イースト、塩を入れ、まずは低速で4分回したあと、高速で6分回してミキシングする。

手ごねの場合: 作業台（またはボウル）に2種の粉とロースト麦芽（任意）を盛り、真ん中に大きなくぼみを作る。くぼみ部分に水の半量、ルヴァンリキッド、生イースト、塩を入れ、ざっと混ぜる。残りの水を加え、全体がなじむまでよく混ぜる。生地にコシが出てなめらかになり、手や台につかなくなるまでしっかりこねる。

② 生地をひとまとめにし、濡れ布きんをかぶせて2時間発酵させる。途中で1度パンチを入れる（生地を2つに折る）。

③ 打ち粉をした作業台の上で、生地を軽く押さえて平らにする。幅18〜20cm×長さ40cmくらいの長方形に整え、スケッパーで横半分に切る（1個約450gに2分割する）。

memo 平らにする時、ガスをあまり抜きすぎないようにします。

④ オーブンペーパーを敷いた天板の上に生地を並べ、濡れ布きんをかぶせて1時間40分発酵させる。

⑤ オーブンの下段に別の天板を1枚差し込み、230℃に予熱しておく。生地の表面に粉をふるい、格子のクープを入れる（一方向から3本、もう一方向から3本）。オーブンが温まったら庫内の天板に水50cc（分量外）を注ぎ、すぐに生地をのせた天板を入れて25〜30分焼く。

⑥ オーブンからパンを取り出し、網などに移して粗熱を取る。

オーガニックのスペルト小麦のパン
バリエーション：バタール、バゲット、ブール

Le pain bio à l'épeautre

⏱️ 時間 ⏱️

ミキシング	8分
一次発酵	1時間30分
（このあと30分休ませる）	
二次発酵	1時間30分
焼成	30分

材料
3個分（1個約320g）

オーガニック小麦粉（タイプ65）
——————— 325g
オーガニックのスペルト小麦粉
——————— 175g
水 ——————— 310g
オーガニックのルヴァンリキッド
——————— 150g
生イースト ——————— 1g
塩 ——————— 10g

memo スペルト小麦はいわゆるパン小麦の原種です。

作り方

1. 生地をこねる。

   卓上ミキサーの場合：ミキサーのボウルに2種の粉、水、ルヴァンリキッド、生イースト、塩を入れ、まずは低速で4分回したあと、高速で4分回してミキシングする。

   手ごねの場合：作業台（またはボウル）に2種の粉を盛り、真ん中に大きなくぼみを作る。くぼみ部分に水の半量、ルヴァンリキッド、生イースト、塩を入れ、ざっと混ぜる。残りの水を加え、全体がなじむまでよく混ぜる。生地にコシが出てなめらかになり、手や台につかなくなるまでしっかりこねる。

2. 生地をひとまとめにし、濡れ布きんをかぶせて1時間30分発酵させる。

3. 打ち粉をした作業台の上で、生地を1個約320gに3分割して丸形に丸める。濡れ布きんをかぶせて30分休ませる。

4. 生地を手のひらで軽く押さえて平らにする。

5. バタールまたはバゲット、ブールに成形する（p115参照）。

6. 成形した生地に濡れ布きんをかぶせ、1時間30分発酵させる。

7. オーブンペーパーを敷いた天板の上に、閉じ目を下にして生地を並べ、表面にクープを入れる。バタールの場合は一方から斜めに2本、もう一方からも斜めに2本。バゲットの場合は縦に1本。ブールの場合は6本、格子のクープを入れる。

8. オーブンの下段に別の天板を1枚差し込み、230℃に予熱しておく。オーブンが温まったら庫内の天板に水50cc（分量外）を注ぎ、すぐに生地をのせた天板を入れて約30分焼く。

9 オーブンからパンを取り出し、網
　などに移して粗熱を取る。

バタールまたはバゲットに成形する場合

1 向こうから1/3を手前に折り、閉じ
　目を指で押さえる。生地を180°
　回転させ、今度は1/3より少し奥
　を手前に折り、閉じ目を押さえ
　る。最後に手前に2つに折って、
　手のひらのつけ根で閉じ目を押さ
　えてくっつける。

2 バタール形にする場合は、生地
　に両手をあてて転がす。バゲット
　形にする場合は、50cmの長さに
　なるまでのばす。

3 粉をふったキャンバス地の上に布
　どりし、閉じ目を上にして並べる
　(写真5)。

ブールに成形する場合

1 生地を裏返し、周囲から中心に
　向かって折りたたみ、閉じ目を軽
　く押さえる(写真1、2、3)。

2 生地を再び裏返し、両手ではさ
　んで回転させ(写真4)、均一に
　丸める。

3 粉をふったキャンバス地の上に布
　どりし、閉じ目を上にして並べる
　(写真5)。

オーガニックのヒトツブコムギのパン

Le pain bio
à l'engrain

⏰⏰ **時間** ⏰⏰

ミキシング	8分
一次発酵	1時間30分
二次発酵	2時間
焼成	45分

材料
1個分（約890g）

オーガニックのヒトツブコムギ粉
———————— 450g
オーガニック小麦粉（タイプ65）
———————— 50g
水 ———————— 310g
オーガニックのルヴァンリキッド
———————— 100g
生イースト ———————— 1g
塩 ———————— 10g

作り方

1 生地をこねる。

   卓上ミキサーの場合：ミキサーのボウルに2種の粉、水、ルヴァンリキッド、生イースト、塩を入れ、まずは低速で4分回したあと、高速で4分回してミキシングする。

   手ごねの場合：作業台（またはボウル）に2種の粉を盛り、真ん中に大きなくぼみを作る。くぼみ部分に水の半量、ルヴァンリキッド、生イースト、塩を入れ、ざっと混ぜる。残りの水を加え、全体がなじむまでよく混ぜる。生地にコシが出てなめらかになり、手や台につかなくなるまでしっかりこねる。

2 打ち粉をした作業台の上で、生地を1〜2回たたんでから（写真1）、丸形に丸める（写真2）。濡れ布きんをかぶせて1時間30分発酵させる（写真3）。

3 生地を裏返し、周囲から中心に向かって折りたたみ（写真4）、閉じ目を軽く押さえる。再び生地を裏返し、生地をはさむように両手をあて、下部を締めつけながら回転させて均一に丸める（写真5）。

4 バヌトン（発酵カゴ）の内側に粉をまんべんなくふり、閉じ目を上にして生地を入れる（写真6）。濡れ布きんをかぶせて2時間発酵させる。

5 オーブンの下段に天板を1枚差し込み、230℃に予熱しておく。オーブンペーパーを敷いた別の天板の上にバヌトンをそっと返し、閉じ目が下になるように生地をのせ（写真7）、表面に十字のクープを入れる（写真8）。

6 オーブンが温まったら庫内の天板に水50cc（分量外）を注ぎ、すぐに生地をのせた天板を入れて15分焼き、温度を210℃に下げてさらに30分焼く。

7 オーブンからパンを取り出し、網などに移して粗熱を取る（写真9）。

memo ヒトツブコムギ（一粒小麦）は小麦の原種です。フランスでも栽培量が非常に少ないため、日本では入手が難しく、この粉が手に入ったら、ぜひこのレシピで古代小麦のおいしさを味わってみてください。

オーガニックの全粒粉の角パン

Le pain bio
à la farine

🕐🕐 **時間** 🕐🕐

ミキシング	10分
一次発酵	1時間
（このあと15分休ませる）	
二次発酵	1時間30分
焼成	25分

材料
3個分（1個約320g）
［フタつき食パン型（200×95×H80mm）3台分］

オーガニック全粒粉（タイプ150）
――――――――500g
水 ―――――――360g
オーガニックのルヴァンリキッド
――――――――100g
生イースト ―――――2g
塩 ―――――――10g
ひまわり油 ―――――適量（型に塗る分）

作り方

1. 生地をこねる。

   卓上ミキサーでこねる場合：ミキサーのボウルに全粒粉、水、ルヴァンリキッド、生イースト、塩を入れ、まずは低速で4分回したあと、高速で6分回してミキシングする。

   手ごねの場合：作業台（またはボウル）に全粒粉を盛り、真ん中に大きなくぼみを作る。くぼみ部分に水の半量、ルヴァンリキッド、生イースト、塩を入れ、ざっと混ぜる。残りの水を加え、全体がなじむまでよく混ぜる（写真1）。生地を作業台に力強くたたきつけ、手前に引っぱりあげて向こう側に折りたたみ、再びたたきつける。これを繰り返し、生地にコシが出てなめらかになり、手や台につかなくなるまでしっかりこねる（写真2、3、4）。

2. 生地をひとまとめにし、濡れ布きんをかぶせて1時間発酵させる。

3. 打ち粉をした作業台の上で、生地を1個約320gに3分割して丸形に丸める。濡れ布きんをかぶせて15分休ませる。

4. 型とフタに油を塗っておく。生地を手のひらで軽く押さえて平らにし、向こうから1/3を手前に折り（写真5）、手のひらのつけ根で閉じ目を押さえる。生地を180°回転させ、型の幅に合わせて両端を折ってから（写真6）、今度は1/3より少し奥を手前に折り、閉じ目を押さえる（写真7）。最後に手前に2つに折って、手のひらのつけ根で閉じ目を押さえてくっつける（写真8）。他の生地も同様にして成形する。

5. 閉じ目を下にして生地を型に入れる（写真9、生地が型の1/3〜半分くらいの高さを占める状態）。型にフタをして1時間30分発酵させる（発酵完了時には、生地は完全に型の高さまでふくらんでいる［写真10］）。

6. オーブンを230℃に予熱しておく。型ごと天板にのせ、フタがきちんと閉まっていることを確認し、オーブンに入れて25分焼く。

7. オーブンからパンを取り出して型から外し、網などに移して粗熱を取る。

オーガニックの
石臼挽き全粒粉のトゥルト

La tourte de meule bio

作り方

1. 生地をこねる。

   卓上ミキサーの場合: ミキサーのボウルに2種の粉と水を入れ、低速で6分回して混ぜる。ボウルをミキサーから外し、濡れ布きんをかぶせて2時間休ませる。ルヴァンリキッド、生イースト、塩を加え、低速で15分回してミキシングする。

   手ごねの場合: 作業台（またはボウル）に2種の粉を盛り、真ん中に大きなくぼみを作る。くぼみ部分に水の2/3量を注ぎ、全体がなじむまで混ぜる。濡れ布きんをかぶせて2時間休ませる。残りの水、ルヴァンリキッド、生イースト、塩を加え、よく混ぜ合わせる。生地にコシが出てなめらかになり、手や台につかなくなるまでしっかりこねる。

2. 生地をひとまとめにし、濡れ布きんをかぶせて2時間45分発酵させる。開始して15分経ったら1度パンチを入れ（生地を2つに折る）、さらに1時間後にもう1度パンチを入れる。

3. 作業台に打ち粉をし、生地をのせる。生地をはさむように両手をあて、下部を締めつけながら回転させて均一に丸める。

4. バヌトン（発酵カゴ）の内側に粉をまんべんなくふり、閉じ目を上にして生地を入れる。周囲から中心に向かって折りたたみ、閉じ目を軽く押さえる。濡れ布きんをかぶせて2時間発酵させる。

5. オーブンの下段に天板を1枚差し込み、230℃に予熱しておく。オーブンペーパーを敷いた別の天板の上にバヌトンをそっと返し、閉じ目が下になるようにして生地をのせる。生地の表面に4本、格子のクープを入れる。

6. オーブンが温まったら庫内の天板に水50cc（分量外）を注ぎ、すぐに生地をのせた天板を入れて15分焼き、温度を200℃に下げてさらに25分焼く。

7. オーブンからパンを取り出し、網などに移して粗熱を取る。

⏱ **時間** ⏱

ミキシング	21分
オートリーズ	2時間
一次発酵	2時間45分
二次発酵	2時間
焼成	40分

材料

1個分（約950g）

オーガニック小麦粉（タイプ65）
——————————— 150g

オーガニックの石臼挽き全粒粉（タイプ80）
——————————— 350g

水 ——————————— 320g

オーガニックのルヴァンリキッド
——————————— 125g

生イースト ——————— 1g

塩 ——————————— 10g

チーズやワインに合うパン

Les pains
aux ingrédients

バター風味の
ヘーゼルナッツのパン

Le pain
aux noisettes et au beurre

⏱️ 時間 ⏱️

ヘーゼルナッツの焙煎	10分
ミキシング	15分
一次発酵	1時間
(このあと15分休ませる)	
二次発酵	1時間15分
焼成	20分

材料
4個分（1個約290g）

ヘーゼルナッツ（殻なし）	175g
小麦粉（タイプ65）	500g
水	250g
ルヴァンリキッド	100g
生イースト	5g
塩	10g
脱脂粉乳	25g
砂糖	35g
室温に戻したバター	75g

作り方

1 天板の上にヘーゼルナッツを広げ、200〜250℃に予熱したオーブンで10分ほど色づいて香ばしい香りがするまでローストする。

2 生地をこねる。

   卓上ミキサーの場合： ミキサーのボウルに小麦粉、水、ルヴァンリキッド、生イースト、塩、脱脂粉乳、砂糖、バターを入れ、まずは低速で5分回したあと、高速で10分回してミキシングする。こね上がったら 1 のヘーゼルナッツを加えて混ぜる。

   手ごねの場合： 作業台（またはボウル）に小麦粉を盛り、真ん中に大きなくぼみを作る。くぼみ部分に水の半量、ルヴァンリキッド、生イースト、塩、脱脂粉乳、砂糖を入れ、ざっと混ぜる。残りの水を加え、全体がなじむまで混ぜ、さらにバターを加えてよく混ぜ合わせる。生地にコシが出てなめらかになり、手や台につかなくなるまでしっかりこねる。こね上がったら 1 のヘーゼルナッツを加えて混ぜ込む。

3 生地をひとまとめにし、濡れ布きんをかぶせて1時間発酵させる。途中で1度パンチを入れる（生地を2つに折る）。

4 打ち粉をした作業台の上で、生地を1個約290gに4分割して丸形に丸める。濡れ布きんをかぶせて15分休ませる。

5 生地を手のひらで軽く押さえて平らにする。向こうから1/3を手前に折り、閉じ目を指で押さえる。生地を180°回転させ、今度は1/3より少し奥を手前に折り、閉じ目を押さえる。最後に手前に2つに折って、手のひらのつけ根で閉じ目を押さえてくっつける。

6 生地に両手をあてて転がし、バタール形にする。他の生地も同様にして成形する。

7 オーブンペーパーを敷いた天板の上に、閉じ目を下にして生地を並べ、表面に7〜8本クープを入れる。濡れ布きんをかぶせて1時間15分発酵させる。

8 オーブンの下段に別の天板を1枚差し込み、230℃に予熱しておく。オーブンが温まったら庫内の天板に水50cc（分量外）を注ぎ、すぐに生地をのせた天板を入れて20分焼く。

9 オーブンからパンを取り出し、網などに移して粗熱を取る。

ゴルゴンゾーラチーズとくるみのパン

Le pain
au gorgonzola
et aux noix

時間

ミキシング	15分
一次発酵	1時間30分
（このあと15分休ませる）	
二次発酵	1時間
焼成	18分

材料
4個分（1個約280g）

小麦粉（タイプ65）	500g
水	325g
ルヴァンリキッド	100g
生イースト	5g
塩	10g
くるみ	100g（生地の重さの10％相当）
ゴルゴンゾーラチーズ	100g（生地の重さの10％相当）

作り方

1. 生地をこねる。

   卓上ミキサーでこねる場合：ミキサーのボウルに小麦粉、水、ルヴァンリキッド、生イースト、塩を入れ、まずは低速で5分回したあと、高速で10分回してミキシングする。こね上がったら、くるみを加えて低速で混ぜる。

   手ごねの場合：作業台（またはボウル）に小麦粉を盛り、真ん中に大きなくぼみを作る。くぼみ部分に水の半量、ルヴァンリキッド、生イースト、塩を入れ、ざっと混ぜる。残りの水を加え、全体がなじむまでよく混ぜる。生地にコシが出てなめらかになり、手や台につかなくなるまでしっかりこねる。こね上がったら、くるみを加えて混ぜ込む（写真1）。

2. 生地をひとまとめにし（写真2）、濡れ布きんをかぶせて1時間30分発酵させる。途中で1度パンチを入れる（生地を2つに折る）。

3. 打ち粉をした作業台の上で、生地を1個約280gに4分割し、それぞれラグビーボール形に丸める（写真3）。濡れ布きんをかぶせて15分休ませる。

4. ゴルゴンゾーラチーズは薄切りにしておく（写真4）。生地を手のひらで軽く押さえて平らにし、それぞれの生地の表面にゴルゴンゾーラチーズを1/4量ずつ広げる（写真5）。生地の向こうから1/3を手前に折り、閉じ目を指で押さえる。生地を180°回転させ、今度は1/3より少し奥を手前に折り、閉じ目を押さえる。最後に手前に2つに折って、手のひらのつけ根で閉じ目を押さえてくっつける。

5. 生地に両手をあてて転がし、20cmの長さにのばす（写真6）。他の生地も同様にして成形する。

6. オーブンペーパーを敷いた天板の上に、閉じ目を下にして生地を並べる。濡れ布きんをかぶせて1時間発酵させる。

7. オーブンを250℃に予熱しておく。生地の表面に縦に1本クープを入れ（写真7）、刷毛で水を塗るか霧吹きで水を吹きかけて湿らせ（写真8）、オーブンに入れて18分焼く。

8. オーブンからパン取り出し、網などに移して粗熱を取る（写真9）。

抹茶とオレンジのパン

Le pain
au thé vert et à l'orange

⏰⏰ **時間** ⏰⏰

ミキシング	15分
一次発酵	2時間
(このあと15分休ませる)	
二次発酵	1時間15分
焼成	18分

材料
4個分(1個約260g)

オレンジピール	150g
小麦粉(タイプ65)	500g
水	250g
ルヴァンリキッド	100g
生イースト	2g
塩	10g
オリーブオイル	30g
抹茶パウダー	10g
オレンジフラワーウォーター	25g

作り方

1 オレンジピールは角切りにしておく(写真1)。

2 生地をこねる。

卓上ミキサーの場合:ミキサーのボウルに小麦粉、水、ルヴァンリキッド、生イースト、塩を入れ、まずは低速で5分回したあと、高速で10分回してミキシングする。ミキシング終了の約2分前にオリーブオイルを加える。こね上がったら、いったんミキサーを止め、抹茶パウダー(写真2)とオレンジフラワーウォーターを加え、低速で回して均一な緑色になるまで混ぜる(写真3)。さらに **1** のオレンジピールを加えて混ぜる。

手ごねの場合:作業台(またはボウル)に小麦粉を盛り、真ん中に大きなくぼみを作る。くぼみ部分に水の半量、ルヴァンリキッド、生イースト、塩を入れ、ざっと混ぜる。残りの水とオリーブオイル、オレンジフラワーウォーターを加え、全体がなじむまで混ぜる。さらに抹茶パウダーと **1** のオレンジピールを加え、よく混ぜ合わせる。生地にコシが出てなめらかになり、手や台につかなくなるまでしっかりこねる。

3 生地をひとまとめにし、濡れ布きんをかぶせて2時間発酵させる。途中で1度パンチを入れる(生地を2つに折る)。

4 打ち粉をした作業台の上で、生地を1個約260gに4分割して丸形に丸める。濡れ布きんをかぶせて15分休ませる。

5 生地をはさむように両手をあて、下部を締めつけながら回転させて均一に丸める。

6 オーブンペーパーを敷いた天板の上に、閉じ目を下にして生地を並べる。濡れ布きんをかぶせて1時間15分発酵させる。

7 オーブンの下段に別の天板を1枚差し込み、240℃に予熱しておく。生地の表面にポルカ模様(ひし形格子)のクープを入れる(写真4)。オーブンが温まったら庫内の天板に水50cc(分量外)を注ぎ、すぐに生地をのせた天板を入れて18分焼く。

8 オーブンからパンを取り出し、網などに移して粗熱を取る。

オレンジのパン

Le pain
à l'orange

⊖⊖ 時間 ⊖⊖

ミキシング	15分
一次発酵	2時間
（このあと15分休ませる）	
二次発酵	1時間
焼成	30分

材料
4個分（1個約260g）
［フタつき食パン型
（180×85×H75mm）4台分］

小麦粉（タイプ65）──	500g
水 ──	310g
ルヴァンリキッド ──	100g
生イースト ──	5g
砂糖 ──	40g
塩 ──	10g
室温に戻したバター ──	25g
＋適量（型に塗る分）	
オレンジフラワーウォーター	25g
オレンジピール ──	95g（スティック状）

作り方

1 生地をこねる。

　卓上ミキサーの場合：ミキサーのボウルに小麦粉、水、ルヴァンリキッド、生イースト、砂糖、塩を入れ、まずは低速で5分回したあと、高速で10分回してミキシングする。ミキシング終了の約2分前にバターを加える。こね上がったら、いったんミキサーを止めてオレンジフラワーウォーターを加え、低速で回して混ぜる。

　手ごねの場合：作業台（またはボウル）に小麦粉を盛り、真ん中に大きなくぼみを作る。くぼみ部分に水の半量、ルヴァンリキッド、生イースト、塩を入れ、ざっと混ぜる。残りの水、オレンジフラワーウォーター、砂糖を加え、全体がなじむまで混ぜる。さらにバターを加えてよく混ぜ合わせる。生地にコシが出てなめらかになり、手や台につかなくなるまでしっかりこねる。

2 生地をひとまとめにし、濡れ布きんをかぶせて2時間発酵させる。途中で1度パンチを入れる（生地を2つに折る）。

3 打ち粉をした作業台の上で、生地を1個約260gに4分割して丸形に丸める。濡れ布きんをかぶせて15分休ませる。

4 生地を手のひらで軽く押さえて平らにし、表面にそれぞれオレンジピール3〜4本を広げる。向こうから1/3を手前に折り、指で閉じ目を押さえる。生地を180°回転させ、再びオレンジピール3〜4本を広げ、向こうから1/3を手前に折り返し、閉じ目を押さえる。最後に手前に2つに折って、手のひらのつけ根で閉じ目を押さえてくっつける。

5 生地の両端をつかんでねじる。他の生地も同様にして成形する。

6 型とフタにバターを塗り、生地を入れる（生地を軽く押し込んで、型の底に隙間ができないようにする）。天板の上に型ごと並べ、濡れ布きんをかぶせて1時間発酵させる。

7 オーブンの下段に別の天板を1枚差し込み、220℃に予熱しておく。オーブンが温まったら庫内の天板に水50cc（分量外）を注ぎ、すぐに型のフタを閉めてオーブンに入れ、30分焼く。

8 オーブンからパンを取り出して型から外し、網などに移して粗熱を取る。

1

2

3

4

いちじくのパン

Le pain
aux figues

⏱ 時 間 ⏱

ミキシング　　　15分
一次発酵　　　1時間30分
（このあと15分休ませる）
二次発酵　　　1時間
焼成　　　　　20分

材 料
4個分（1個約290g）

小麦粉（タイプ65）—— 500g
水 ————————— 320g
ルヴァンリキッド　　100g
生イースト ————— 5g
塩 ————————— 10g
室温に戻したバター ― 20g
ドライいちじく ——— 200g（乱切り）

作り方

1. 生地をこねる。

   卓上ミキサーの場合： ミキサーのボウルに小麦粉、水、ルヴァンリキッド、生イースト、塩を入れ、まずは低速で5分回したあと、高速で10分回してミキシングする。ミキシング終了の約3分前にバターを加える（写真1）。こね上がったら、ミキサーを止めていちじくを加え（写真2）、いちじくが崩れないよう低速で回して混ぜる。

   手ごねの場合： 作業台（またはボウル）に小麦粉を盛り、真ん中に大きなくぼみを作る。くぼみ部分に水の半量、ルヴァンリキッド、生イースト、塩を入れ、ざっと混ぜる。残りの水を加えて全体がなじむまで混ぜ、さらにバターを加えてよく混ぜ合わせる。生地にコシが出てなめらかになり、手や台につかなくなるまでしっかりこねる。こね上がったら、いちじくを加えて混ぜ込む。

2. 生地をひとまとめにし、濡れ布きんをかぶせて1時間30分発酵させる。

3. 打ち粉をした作業台の上で、生地を1個約290gに4分割して丸形に丸める。濡れ布きんをかぶせて15分休ませる。

4. 生地を手のひらで軽く押して平らにする。向こうから1/3を手前に折り、閉じ目を指で押さえる。生地を180°回転させ、今度は1/3より少し奥を手前に折り、閉じ目を押さえる。最後に手前に2つに折って、手のひらのつけ根で閉じ目を押さえてくっつける。

5. 生地に両手をあてて転がし、バタール形にする。他の生地も同様にして成形する。

6. オーブンペーパーを敷いた天板の上に、閉じ目を下にして生地を並べる。濡れ布きんをかぶせて1時間発酵させる。

7. オーブンの下段に別の天板を1枚差し込み、230℃に予熱しておく。生地の表面にポルカ模様（ひし形格子）のクープを入れる（写真3）。オーブンが温まったら庫内の天板に水50cc（分量外）を注ぎ、すぐに生地をのせた天板を入れて20分焼く。

8. オーブンからパンを取り出し、網などに移して粗熱を取る（写真4）。

はちみつのパン

Le pain
au miel

⏱ 時間 ⏱

ミキシング	10分
一次発酵	1時間30分
（このあと15分休ませる）	
二次発酵	1時間30分
焼成	20分

材料
3個分（1個約350g）

小麦粉（タイプ65） ——	250g
ライ麦全粒粉（タイプ80）	
——	250g
水 ——	300g
ルヴァンリキッド ——	100g
生イースト ——	3g
塩 ——	10g
はちみつ（液状） ——	150g
	＋小さじ3（仕上げ用）

作り方

1 生地をこねる。

　卓上ミキサーの場合：ミキサーのボウルに2種の粉、水、ルヴァンリキッド、生イースト、塩、はちみつを入れ、まずは低速で4分回したあと、高速で6分回してミキシングする。

　手ごねの場合：作業台（またはボウル）に2種の粉を盛り、真ん中に大きなくぼみを作る。くぼみ部分に水の半量、ルヴァンリキッド、生イースト、塩、はちみつを入れ、ざっと混ぜる。残りの水を加え、全体がなじむまでよく混ぜる。生地にコシが出てなめらかになり、手や台につかなくなるまでしっかりこねる。

2 生地をひとまとめにし、濡れ布きんをかぶせて1時間30分発酵させる。途中で1度パンチを入れる（生地を2つに折る）。

3 打ち粉をした作業台の上で、生地を1個約350gに3分割して丸形に丸める。濡れ布きんをかぶせて15分休ませる。

　memo　作業台に打ち粉をする代わりに、軽く油（ひまわり油）をひいてもOKです。その場合は、4 に従って生地を裏返し、周囲から中心に向かって折りたたみ、閉じ目を軽く押さえたあと、閉じ目を下にして1時間30分発酵させます。オーブンペーパーを敷いた天板の上に、閉じ目を上にしてのせて焼きます。

4 生地を裏返し、周囲から中心に向かって折りたたみ、閉じ目を軽く押さえる。再び生地を裏返し、締めながら丸めなおす。

5 オーブンペーパーを敷いた天板の上に、閉じ目を下にして生地を並べる。濡れ布きんをかぶせて1時間30分発酵させる。

6 オーブンの下段に別の天板を1枚差し込み、200℃に予熱しておく。生地の表面中央に指でくぼみを作り、これを囲むように格子のクープを入れる。くぼみに小さじ1ずつはちみつを垂らす。オーブンが温まったら庫内の天板に水50cc（分量外）を注ぎ、すぐに生地をのせた天板を入れて20分焼く。

7 オーブンからパンを取り出し、網などに移して粗熱を取る。

バター風味のくるみパン

Le pain
aux noix et au beurre

⏱⏱ **時間** ⏱⏱

ミキシング	15分
一次発酵	1時間30分
(このあと15分休ませる)	
二次発酵	1時間15分
焼成	17分

材料
5個分 (1個約220g)

小麦粉(タイプ65) ——	500g
水 ——————	225g
ルヴァンリキッド ———	100g
生イースト ————	5g
塩 ———————	10g
脱脂粉乳 ————	25g
砂糖 ——————	35g
室温に戻したバター ——	75g
くるみ —————	150g(砕く)

作り方

1. 生地をこねる。

   卓上ミキサーの場合:ミキサーのボウルに小麦粉、水、ルヴァンリキッド、生イースト、塩、脱脂粉乳、砂糖を入れ、まずは低速で5分回し(写真1)、高速で10分回してミキシングする。ミキシング終了の約2〜3分前にバターを加える(写真2)。こね上がったら、くるみを加えて混ぜる(写真3)。

   手ごねの場合:作業台(またはボウル)に小麦粉を盛り、真ん中に大きなくぼみを作る。くぼみ部分に水の半量、ルヴァンリキッド、生イースト、塩、脱脂粉乳、砂糖を入れ、ざっと混ぜる。残りの水を加えて全体がなじむまで混ぜ、さらにバターを加えてよく混ぜ合わせる。生地にコシが出てなめらかになり、手や台につかなくなるまでしっかりこねる。こね上がったら、くるみを加えて混ぜ込む。

2. 生地をひとまとめにし、濡れ布きんをかぶせて1時間30分発酵させる。途中で1度パンチを入れる(生地を2つに折る)。

3. 打ち粉をした作業台の上で、生地を1個約220gに5分割して丸形に丸める。濡れ布きんをかぶせて15分休ませる。

4. 生地を手のひらで軽く押さえて平らにする。向こうから1/3を手前に折り、指で閉じ目を押さえる。生地を180°回転させ、今度は1/3より少し奥を手前に折り、閉じ目を押さえる。最後に手前に2つに折って、手のひらのつけ根で閉じ目を押さえてくっつける(写真4)。

5. 生地に両手をあてて転がし、バタール形にする。他の生地も同様にして成形する。

6. 生地の表面にソーシソンのクープを入れる(写真5)。粉をふったキャンバス地の上に布どりし、閉じ目を下にして生地を並べる(写真6)。濡れ布きんをかぶせて1時間15分発酵させる。

7. オーブンの下段に天板を1枚差し込み、230℃に予熱しておく。オーブンペーパーを敷いた別の天板の上に生地を並べる。オーブンが温まったら庫内の天板に水50cc(分量外)を注ぎ、すぐに生地をのせた天板を入れて17分焼く。

8. オーブンからパンを取り出し、網などに移して粗熱を取る。

キュルキュマ
（ターメリック風味のパン）

Le pain
au curcuma

⏰⏰ **時間** ⏰⏰

ミキシング	15分
一次発酵	1時間30分
（このあと15分休ませる）	
二次発酵	1時間
焼成	17分

材料
4個分（1個約250g）

小麦粉（タイプ65）——	500g
水 ——	250g
ルヴァンリキッド ——	100g
生イースト ——	5g
塩 ——	10g
脱脂粉乳 ——	25g
砂糖 ——	35g
室温に戻したバター ——	75g
ターメリックパウダー ——	5g

作り方

1. 生地をこねる。

   卓上ミキサーの場合：ミキサーのボウルに小麦粉、水、ルヴァンリキッド、生イースト、塩、脱脂粉乳、砂糖を入れ、まずは低速で5分回したあと、高速で10分回してミキシングする。ミキシング終了の約2〜3分前にバター、ターメリックの順に加える。

   手ごねの場合：作業台（またはボウル）に小麦粉を盛り、真ん中に大きなくぼみを作る。くぼみ部分に水の半量、ルヴァンリキッド、生イースト、塩、脱脂粉乳、砂糖を入れ、ざっと混ぜる。残りの水を加えて全体がなじむまで混ぜる。さらにバターとターメリックを加え、よく混ぜ合わせる。生地にコシが出てなめらかになり、手や台につかなくなるまでしっかりこねる。

2. 生地をひとまとめにし、濡れ布きんをかぶせて1時間30分発酵させる。途中で1度パンチを入れる（生地を2つに折る）。

3. 打ち粉をした作業台の上で、生地を1個約250gに4分割して丸形に丸める。濡れ布きんをかぶせて15分休ませる。

4. 生地を手のひらで軽く押さえて平らにする。向こうから1/3を手前に折り、指先で閉じ目を押さえる。生地を180°回転させ、今度は1/3より少し奥を手前に折り、閉じ目を押さえる。最後に手前に2つに折って、手のひらのつけ根で押さえてくっつける。

5. 生地に両手をあてて転がし、バタール形にする。他の生地も同様にして成形する。

6. オーブンペーパーを敷いた天板の上に、閉じ目を下にして生地を並べる。濡れ布きんをかぶせて1時間発酵させる。

7. オーブンの下段に別の天板を1枚差し込み、220℃に予熱しておく。生地の表面にシュヴロン（山形模様）のクープを入れる（切り込みの間隔は指1本分取る）。オーブンが温まったら庫内の天板に水50cc（分量外）を注ぎ、すぐに生地をのせた天板を入れて17分焼く。

8. オーブンからパンを取り出し、網などに移して粗熱を取る。

1

2

3

12種のナッツ&ドライフルーツのパン

Le pain
aux 12 fruits secs

⏰ 時間 ⏰⏰

ナッツの焙煎　10分

ミキシング　　15分

一次発酵　　　1時間30分
（このあと15分休ませる）

二次発酵　　　2時間

焼成　　　　　20分

材料
2個分（1個約600g）

ドライフルーツとナッツ − 280g（生地の重さの30%相当）

小麦粉（タイプ65）—— 500g

水 ——————— 325g

ルヴァンリキッド ——— 100g

生イースト ———— 5g

塩 —————— 10g

室温に戻したバター —— 30g

4

5

6

7

8 9 10 11

作り方

1️⃣ 天板の上にナッツを広げ、200〜250℃に予熱したオーブンで10分ほど色づいて香ばしい香りがするまでローストする（写真1）。いちじく、プルーン、アプリコットは乱切りにする（写真2）。ローストしたナッツと、ドライフルーツすべてをボウルに入れて合わせておく（写真3）。

2️⃣ 生地をこねる。

卓上ミキサーの場合： ミキサーのボウルに小麦粉、水、ルヴァンリキッド、生イースト、塩を入れ、まずは低速で5分回したあと、高速で10分回してミキシングする。ミキシング終了の約3分前にバターを加える。こね上がったらミキサーをいったん止めて 1️⃣ を加え、低速で回して混ぜる。

手ごねの場合： 作業台（またはボウル）に小麦粉を盛り、真ん中に大きなくぼみを作る。くぼみ部分に水の半量、ルヴァンリキッド、生イースト、塩を入れ、ざっと混ぜる。残りの水を加えて全体がなじむまで混ぜ、さらにバターを加えてよく混ぜ合わせる。生地にコシが出てなめらかになり、手や台につかなくなるまでしっかりこねる。こね上がったら 1️⃣ を加えて混ぜ込む。

3️⃣ 生地をひとまとめにし、濡れ布きんをかぶせて1時間30分発酵させる（写真4）。

4️⃣ 打ち粉をした作業台の上で、生地を1個約600gに2分割して丸形に丸める。濡れ布きんをかぶせて15分休ませる。

5️⃣ 生地の中央に指先で穴を開け、押し広げる（写真5&6）。穴に両手をかけてつかんだ状態で（写真7）、少しずつ回しながらひっぱって生地を広げ、直径約30cmのリング状にする（写真8、9、10、11）。残りの生地も同様に成形する。

6️⃣ 生地をそれぞれ、粉をふったクーロンヌ型のバヌトン（発酵カゴ）に入れる（写真12）。濡れ布きんをかぶせて2時間発酵させる。

7️⃣ オーブンの下段に天板を1枚差し込み、230℃に予熱しておく。オーブンペーパーを敷いた別の天板の上にバヌトンをそっと返し、生地をのせる。好みで表面にクープを入れる（写真13）。オーブンが温まったら庫内の天板に水50cc（分量外）を注ぎ、すぐに生地をのせた天板を入れて20分焼く。

8️⃣ オーブンからパンを取り出し、網などに移して粗熱を取る。

memo ドライフルーツとナッツは、ヘーゼルナッツ、ピーカンナッツ、松の実、ピスタチオ、サルタナレーズン、コリントレーズン、アーモンド、カシューナッツ、ドライいちじく、ドライプルーン、ドライクランベリー、ドライアプリコットなどを用意します。

12

13

パン・オ・セザム（ごまパン）

Le pain
au sésame

⏱⏱ 時 間 ⏱⏱

ごまの焙煎	10分
ミキシング	15分
一次発酵	2時間
（このあと15分休ませる）	
二次発酵	1時間30分
焼成	18分

材料
4個分（1個約300g）

ごま	100g（生地用）
	＋100g（トッピング用）
小麦粉（タイプ65）	500g
水	325g
	＋70g（ごまの吸水用）
ルヴァンリキッド	100g
生イースト	5g
塩	10g

作り方

1 生地用のごまはオーブンペーパーを敷いた天板の上に広げ、200〜250℃に予熱したオーブンで10分ほど色づいて香ばしい香りがするまでローストし（写真1）、水70gを入れたボウルにあけて2〜3時間浸しておく（写真2）。

2 生地をこねる。

卓上ミキサーの場合：ミキサーのボウルに小麦粉、水、ルヴァンリキッド、生イースト、塩を入れ、まずは低速で5分回したあと、高速で10分回してミキシングする。こね上がったら **1** のごまを水ごと加えて混ぜる。

手ごねの場合：作業台（またはボウル）に小麦粉を盛り、真ん中に大きなくぼみを作る。くぼみ部分に水の半量、ルヴァンリキッド、生イースト、塩を入れ、ざっと混ぜる。残りの水を加えて全体がなじむまで混ぜ、さらに **1** のごまを水ごと加えてよく混ぜ合わせる。生地にコシが出てなめらかになり、手や台につかなくなるまでしっかりこねる。

3 生地をひとまとめにし、濡れ布きんをかぶせて2時間発酵させる。途中で1度パンチを入れる（生地を2つに折る）。

4 打ち粉をした作業台の上で、生地を1個約300gに4分割して丸形に丸める。濡れ布きんをかぶせて15分休ませる。

5 生地を手のひらで軽く押さえて平らにする。向こうから1/3を手前に折り、指で閉じ目を押さえる。生地を180°回転させ、今度は1/3より少し奥を手前に折り、閉じ目を押さえる。最後に手前に2つに折って、手のひらのつけ根で閉じ目を押さえてくっつける。他の生地も同様にして成形する。

6 大きなバットにトッピング用のごまを広げる。生地の中央に縦にスケッパーをあてて割り、両端をつかんでねじる。刷毛で水を塗るか霧吹きで水を吹きかけ、生地の表面を湿らせ、この面をごまにあててまぶす。

7 オーブンペーパーを敷いた天板の上に生地を並べる。濡れ布きんをかぶせて1時間30分発酵させる（写真3）。

8 オーブンの下段に別の天板を1枚差し込み、230℃に予熱しておく。生地の表面に縦にクープを入れる。オーブンが温まったら庫内の天板に水50cc（分量外）を注ぎ、すぐに生地をのせた天板を入れて18分焼く。

9 オーブンからパンを取り出し、網などに移して粗熱を取る（写真4）。

イカ墨パン

Le pain
à l'encre de seiche

⏰ 時間 ⏰

ミキシング	16分
オートリーズ	1時間
一次発酵	45分
（このあと30分休ませる）	
二次発酵	3時間
焼成	20分

材料
3個分（1個約310g）

小麦粉（タイプ65） ——	500g
水 ——————————	300g
ルヴァンリキッド ——	100g
生イースト ——————	3g
塩 ——————————	10g
コウイカの墨 ————	10g

作り方

1 生地をこねる。

　卓上ミキサーの場合：ミキサーのボウルに小麦粉と水を入れ、低速で5分回して混ぜる。ボウルをミキサーから外し、濡れ布きんをかぶせて1時間休ませる。ルヴァンリキッド、生イースト、塩、イカ墨を加え、まずは低速で4分回したあと、高速で7分回してミキシングする。

　手ごねの場合：作業台（またはボウル）に小麦粉を盛り、真ん中に大きなくぼみを作る。くぼみ部分に水の2/3量を注ぎ、全体がなじむまで混ぜる。濡れ布きんをかぶせて1時間休ませる。残りの水、ルヴァンリキッド、生イースト、塩、イカ墨を加え、よく混ぜ合わせる。生地にコシが出てなめらかになり、手や台につかなくなるまでしっかりこねる。

2 生地をひとまとめにし、濡れ布きんをかぶせて45分発酵させる。

3 打ち粉をした作業台の上で、生地を1個約310gに3分割してラグビーボール形に丸める。濡れ布きんをかぶせて30分休ませる。

4 それぞれの生地をスケッパーで横長に3分割し、30㎝くらいの長さ（直径1.5〜2cm）のひも状にのばす（ひもの中心部分は少しふくらみを持たせる）。

5 ひも状にした生地2本の端を斜めに重ねる（二等辺三角形の2辺をイメージする）。その中央に3本目をさらに重ねて押さえる。この3本の生地で三つ編みを編む。最後まで編んだら、3本の先端を重ねて押さえる。同様にして残りの生地で三つ編みを2本編む。

6 オーブンペーパーを敷いた天板の上に、三つ編みにした生地を並べる。濡れ布きんをかぶせて3時間発酵させる。

7 オーブンの下段に別の天板を1枚差し込み、230℃に予熱しておく。オーブンが温まったら庫内の天板に水50cc（分量外）を注ぎ、すぐに生地をのせた天板を入れて20分焼く。

8 オーブンからパンを取り出し、網などに移して粗熱を取る。

Les pains
à l'huile

オリーブオイルのパン

チャバタ・ナチュール
（基本のチャバタ）

La ciabatta
nature

🕐🕐 時 間 🕐🕐

ミキシング　　　12分

一次発酵　　　2時間
（このあと15分休ませる）

二次発酵　　　1時間

焼成　　　　　16分

材料
4個分（1個約240g）

小麦粉（タイプ65）—— 500g
水 —————————— 320g
ルヴァンリキッド ——— 100g
生イースト ————— 5g
塩 ————————— 10g
オリーブオイル ——— 30g＋適量（仕上げ用）

作り方

1 生地をこねる。

> **卓上ミキサーの場合**：ミキサーのボウルに小麦粉、水、ルヴァンリキッド、生イースト、塩を入れ、まずは低速で5分回したあと、高速で7分回してミキシングする。ミキシング終了の約2分前に、オリーブオイルを加える。

> **手ごねの場合**：作業台（またはボウル）に小麦粉を盛り、真ん中に大きなくぼみを作る（写真1）。くぼみ部分に水の半量を入れ（写真2）、くぼみの内側を混ぜる。ルヴァンリキッド（写真3）、生イースト、塩を加え、片手で混ぜながら（写真4）。反対の手で土手の粉を徐々に混ぜ込む。少しずつ残りの水を加え、さらにオリーブオイルを加え（写真5）、全体がなじむまでよく混ぜる（写真6）。

> 生地を両手でつかみ（写真7）、作業台に力強くたたきつけ、手前に引っぱりあげては向こう側に折りたたみ、再びたたきつける（写真8）。これを繰り返し、生地にコシが出てなめらかになり、手や台につかなくなるまでしっかりこねる。

2 生地をひとまとめにし（写真9）、濡れ布きんをかぶせて2時間発酵させる（写真10）。途中で1度パンチを入れる（生地を2つに折る）。

3 打ち粉をした作業台の上で、生地を1個約240gに4分割し（写真11）、それぞれラグビーボール形に丸める。濡れ布きんをかぶせて15分休ませる。

4 生地を手のひらで軽く押さえて平らにする。向こうから1/3より少し手前を折り、指先で閉じ目を押さえる。さらに手前の生地を奥にかぶせるように折り返し、指で閉じ目を押さえる（写真12）。生地を裏返して閉じ目を下にし、濡れ布きんをかぶせて1時間発酵させる。

5 オーブンの下段に天板を1枚差し込み、235℃に予熱しておく。オーブンペーパーを敷いた別の天板の上に、閉じ目を上にし、生地を並べる。

6 オーブンが温まったら庫内の天板に水50cc（分量外）を注ぎ、すぐに生地をのせた天板を入れて4分焼き、温度を220℃に下げてさらに12分焼く。

7 オーブンからチャバタを取り出したら、表面に刷毛で軽くオリーブオイルを塗り、網などに移して粗熱を取る。

地中海沿岸の国々ではオリーブの栽培が盛ん。
この地のパン屋ではどこでも、オリーブオイル入りのパンが見つかります。

オリーブオイル入りのパンと言った時に最初に思い浮かぶのは、イタリアのパニーニでしょう。オリーブオイルを使った他のパンがかすんでしまうほど！ フランスのブーランジュリーも、こうしたパンをかねてから取り入れてきました。ジェノヴァ発祥の「フォカッチャ」、ヴェネト州の「チャバタ」、トリノの「グリッシーニ」などが食卓に並べば、気分はイタリアン。これらのパンの特徴は、生地にオリーブオイルを加えることと、多加水であるということ。そのため、口に入れた時に、濃密な雲のようなテクスチャーをもたらすのです。チャバタ・ナチュール（基本のチャバタ）をマスターしたら、チャバタのバリエーション（p158〜165）、ローズマリーのフォカッチャ（p267）、フォカッチャのフランス版とでも言うべきフーガス（p170〜176）、あるいはピザ（p178）、グリッシーニ（p236）、バジルのパン（p166）やドライトマトのパン（p169）にも挑戦してみましょう。

ミックスシードのチャバタ

La ciabatta
aux graines mélangées

⏱ 時間 ⏱

ミックスシードの焙煎 10分
ミキシング 15分
一次発酵 2時間
（このあと15分休ませる）
二次発酵 1時間
焼成 15分

材料
4個分（1個約280g）

ミックスシード	90g（生地用）
	＋適量（トッピング用）
小麦粉（タイプ65）	500g
水	325g
	＋60g
	（ミックスシードの吸水用）
ルヴァンリキッド	100g
生イースト	5g
塩	10g
オリーブオイル	30g
	＋適量（仕上げ用）

memo ミックスシードは、キビ、かぼちゃの種、ごまなどを用意します。

作り方

1 天板の上に生地用のミックスシードを広げ、200〜250℃に予熱したオーブンで10分ほど色づいて香ばしい香りがするまでローストする。水60gを入れたボウルにあけて2〜3時間浸しておく。

2 生地をこねる。

卓上ミキサーの場合：ミキサーのボウルに小麦粉、水、ルヴァンリキッド、生イースト、塩を入れ、まずは低速で5分回したあと、高速で10分回してミキシングする。ミキシング終了の約2分前に、オリーブオイルを加える。こね上がったら 1 のミックスシードを水ごと加えて混ぜる。

手ごねの場合：作業台（またはボウル）に粉を盛り、真ん中に大きなくぼみを作る。くぼみ部分に水の半量、ルヴァンリキッド、生イースト、塩を入れ、ざっと混ぜる。残りの水を加えて混ぜ、さらにオリーブオイルと 1 を水ごと加え、全体がなじむまでよく混ぜる。生地にコシが出てなめらかになり、手や台につかなくなるまでしっかりこねる。

3 生地をひとまとめにし、濡れ布きんをかぶせて2時間発酵させる。途中で1度パンチを入れる（生地を2つに折る）。

4 打ち粉をした作業台の上で、生地を1個約280gに4分割し、それぞれラグビーボール形に丸める。濡れ布きんをかぶせて15分休ませる。

5 生地を手のひらで軽く押さえて平らにする。向こうから1/3より少し手前を折り、指先で閉じ目を押さえる。さらに手前の生地を奥にかぶせるように折り返し、閉じ目を押さえる。

6 大きなバットにトッピング用のミックスシードを広げておく。生地を裏返して閉じ目が下になるようにし、表面に刷毛で水を塗るか霧吹きで水を吹きかけて湿らせる。この面をミックスシードにあててまぶし、すぐにオーブンペーパーを敷いた天板の上に移して並べる。濡れ布きんをかぶせて1時間発酵させる。

7 オーブンの下段に別の天板を1枚差し込み、240℃に予熱しておく。オーブンが温まったら庫内の天板に水50cc（分量外）を注ぎ、すぐに生地をのせた天板を入れて4分焼き、温度を220℃に下げてさらに11分焼く。

8 オーブンからチャバタを取り出したら、表面に刷毛で軽くオリーブオイルを塗り、網などに移して粗熱を取る。

そば粉のチャバタ

La ciabatta au sarrasin

🕐🕐 時 間 🕐🕐

ミキシング	15分
一次発酵	2時間
（このあと15分休ませる）	
二次発酵	1時間
焼成	12分

材 料
4個分（1個約240g）

小麦粉（タイプ65）	450g
そば粉	50g
ルヴァンリキッド	100g
生イースト	3g
塩	10g
水	325g
オリーブオイル	30g
	＋適量（仕上げ用）

作り方

1. 生地をこねる。

   卓上ミキサーの場合：ミキサーのボウルに2種の粉、ルヴァンリキッド、生イースト、塩、水を入れ、まずは低速で5分回したあと、高速で10分回してミキシングする。ミキシング終了の約3分前にオリーブオイルを加える。

   手ごねの場合：作業台（またはボウル）に2種の粉を合わせて盛り、真ん中に大きなくぼみを作る。くぼみ部分に塩（写真1）、水の半量、生イーストを入れ（写真2）、ルヴァンリキッドを加えてざっと混ぜる。残りの水、オリーブオイルの順に加え、全体がなじむまでよく混ぜる。生地にコシが出てなめらかになり、手や台につかなくなるまでしっかりこねる。

2. 生地をひとまとめにし（写真3）、濡れ布きんをかぶせて2時間発酵させる。途中で1度パンチを入れる（生地を2つに折る）。

3. 打ち粉をした作業台の上で、生地を1個約240gに4分割し、それぞれラグビーボール形に丸める。濡れ布きんをかぶせて15分休ませる。

4. 生地を手のひらで軽く押さえて平らにする。向こうから1/3より少し手前を折り（写真4）、指先で閉じ目を押さえる。手前の生地を奥にかぶせるように折り返し、指で閉じ目を押さえる（写真5）。生地を裏返して閉じ目を下にして、濡れ布きんをかぶせて1時間発酵させる。

5. オーブンの下段に天板を1枚差し込み、235℃に予熱しておく。オーブンペーパーを敷いた別の天板の上に、閉じ目を上にして生地を並べる。

6 オーブンが温まったら庫内の天板
に水50cc（分量外）を注ぎ、すぐ
に生地をのせた天板を入れて4分
焼き、温度を220℃に下げてさら
に8分焼く。

7 オーブンからチャバタを取り出し
たら、表面に刷毛で軽くオリーブ
オイルを塗り、網などに移して粗
熱を取る。

パンプキンシードのチャバタ

La ciabatta
aux graines de courge

⏱⏱ **時間** ⏱⏱

かぼちゃの種の焙煎	10分
ミキシング	15分
一次発酵	2時間
（このあと15分休ませる）	
二次発酵	1時間
焼成	15分

材料
4個分（1個約280g）

かぼちゃの種 ――――	100g（生地用）
	＋適量（トッピング用）
小麦粉（タイプ65） ――	500g
水 ―――――――――	320g
	＋70g
	（かぼちゃの種の吸水用）
ルヴァンリキッド ――――	100g
生イースト ―――――――	5g
塩 ――――――――――	10g
オリーブオイル ―――――	30g
	＋適量（仕上げ用）

作り方

1 　天板の上にかぼちゃの種を広げ、200〜250℃に予熱したオーブンで10分ほど色づいて香ばしい香りがするまでローストする。すぐに水70gを入れたボウルにあけ、2~3時間浸しておく。

2 　生地をこねる。

　　卓上ミキサーの場合：ミキサーのボウルに小麦粉、水、ルヴァンリキッド、生イースト、塩を入れ、まずは低速で5分回したあと、高速で10分回してミキシングする。ミキシング終了の約3分前に、オリーブオイルを加える。こね上がったらミキサーをいったん止め、1 のかぼちゃの種を水ごと加えて混ぜる。

　　手ごねの場合：作業台（またはボウル）に小麦粉を盛り、真ん中に大きなくぼみを作る。くぼみ部分に水の半量、ルヴァンリキッド、生イースト、塩を入れ、ざっと混ぜる。残りの水、オリーブオイル、1 のかぼちゃの種を水ごと加え、全体がなじむまでよく混ぜる。生地にコシが出てなめらかになり、手や台につかなくなるまでしっかりこねる。

3 　生地をひとまとめにし、濡れ布きんをかぶせて2時間発酵させる。途中で1度パンチを入れる（生地を2つに折る）。

4 　打ち粉をした作業台の上で、生地を1個約280gに4分割し、それぞれラグビーボール形に丸める。濡れ布きんをかぶせて15分休ませる。

5 　生地を手のひらで軽く押さえて平らにする。向こうから1/3より少し手前を折り、指先で閉じ目を押さえる（写真1）。生地を180℃回転させ、向こうの生地を手前にかぶせるように折り返し、指で閉じ目を押さえる（写真2）。

6 　大きなバットにトッピング用のかぼちゃの種を広げておく。生地を裏返して閉じ目が下になるようにし、表面に刷毛で水を塗るか（写真3）霧吹きで水を吹きかけて湿らせる。この面をかぼちゃの種にあててまぶす（写真4&5）。

7 　オーブンペーパーを敷いた天板の上に生地を並べ、濡れ布きんをかぶせて1時間発酵させる。

8 　オーブンの下段に別の天板を1枚差し込み、235℃に予熱しておく。オーブンが温まったら庫内の天板に水50cc（分量外）を注ぎ、すぐに生地をのせた天板を入れて4分焼き、温度を220℃に下げてさらに11分焼く。

9 　オーブンからチャバタを取り出したら、表面に刷毛で軽くオリーブオイルを塗り、網などに移して粗熱を取る。

variante
la ciabatta ronde

バリエーション：丸いチャバタ

作り方

1 パンプキンシードのチャバタ (p163) の 1 〜 4 を参照し、生地を作り、4分割する。生地を裏返し、周囲から中心に向かって折りたたみ、閉じ目を軽く押さえる。再び生地を裏返し、丸形に丸める。他の生地も同様にし、濡れ布きんをかぶせて15分休ませる。

2 生地をはさむように両手をあて、下部を締めつけながら回転させて均一に丸める。

3 パンプキンシードのチャバタの 6 以降を参照し、焼いて仕上げる。

バジルのパン

Le pain
au basilic

🕐🕐 時間 🕐🕐

バジルをオイルに浸す時間
　　　　　　　　6〜12時間
ミキシング　　　15分
一次発酵　　　　2時間
（このあと15分休ませる）
二次発酵　　　　1時間
焼成　　　　　　18分

材料
4個分（1個約250g）

バジルの葉 ──────── 75g
オリーブオイル ───── 30g
　　　　　　　＋適量（仕上げ用）
小麦粉（タイプ65） ── 500g
水 ──────────── 300g
ルヴァンリキッド ──── 100g
生イースト ──────── 3g
塩 ──────────── 10g

作り方

1　前日（または作業を始める最低6時間前）に、バジルの葉をざっくり刻み（写真1）、オリーブオイルに浸しておく（写真2）。

2　生地をこねる。

　　卓上ミキサーの場合：ミキサーのボウルに小麦粉、水、ルヴァンリキッド、生イースト、塩を入れ、まずは低速で5分回したあと、高速で10分回してミキシングする。ミキシング終了の約3分前に、1 のバジルをオリーブオイルごと加える。

　　手ごねの場合：作業台（またはボウル）に小麦粉を盛り、真ん中に大きなくぼみを作る。くぼみ部分に水の半量、ルヴァンリキッド、生イースト、塩を入れ、ざっと混ぜる。残りの水と、1 のバジルをオリーブオイルごと加え、全体がなじむまでよく混ぜる。生地にコシが出てなめらかになり、手や台につかなくなるまでしっかりこねる。

3　生地をひとまとめにし、濡れ布きんをかぶせて2時間発酵させる。途中で1度パンチを入れる（生地を2つに折る）。

4　打ち粉をした作業台の上で、生地を1個約250gに4分割する。生地をそれぞれ半分にたたみ、丸形に丸める。閉じ目を下にした状態で濡れ布きんをかぶせ、15分休ませる。

5　打ち粉をした作業台の上に生地をのせ、生地をはさむように両手をあて、下部を締めつけながら回転させて均一に丸める（写真3）。濡れ布きんをかぶせて1時間発酵させる。

6　オーブンの下段に天板を1枚差し込み、235℃に予熱しておく。発酵してふくらんだ生地（写真4）を、オーブンペーパーを敷いた別の天板の上に並べ、表面にポルカ模様（ひし形格子）のクープを入れる（写真5）。

7　オーブンが温まったら庫内の天板に水50cc（分量外）を注ぎ、すぐに生地をのせた天板を入れて4分焼き、温度を220℃に下げてさらに14分焼く。

8　オーブンからパンを取り出したら、表面に刷毛で軽くオリーブオイルを塗り、網などに移して粗熱を取る。

1

2

3

4

ドライトマトのパン

Le pain
aux tomates séchées

ミキシング	15分
一次発酵	2時間
（このあと15分休ませる）	
二次発酵	1時間
焼成	15分

材料
4個分（1個約270g）

小麦粉（タイプ65） ——	500g
水 ——	300g
ルヴァンリキッド ——	100g
生イースト ——	3g
塩 ——	10g
オリーブオイル ——	30g
	＋適量（仕上げ用）
ドライトマトのオリーブオイル漬け	
——	150g（粗く刻む）

作り方

1　生地をこねる。

　　卓上ミキサーの場合：ミキサーのボウルに小麦粉、水、ルヴァンリキッド、生イースト、塩を入れ、まずは低速で5分回したあと、高速で10分回してミキシングする。ミキシング終了の約3分前に、オリーブオイルを加える。こね上がったら、ミキサーを止めた状態でドライトマトを加え、低速で回して混ぜる。

　　手ごねの場合：作業台（またはボウル）に小麦粉を盛り、真ん中に大きなくぼみを作る。くぼみ部分に水の半量、ルヴァンリキッド、生イースト、塩を入れ、ざっと混ぜる。残りの水とオリーブオイルを加え、全体がなじむまでよく混ぜる。生地にコシが出てなめらかになり、手や台につかなくなるまでしっかりこねる。こね上がったら、ドライトマトを加えて混ぜ込む。

2　生地をひとまとめにし、濡れ布きんをかぶせて2時間発酵させる。途中で1度パンチを入れる（生地を2つに折る）。

3　打ち粉をした作業台の上で、生地を1個約270gに4分割する（写真1）。生地を半分にたたみ（写真2）、丸形に丸める（写真3）。閉じ目を下にした状態で濡れ布きんをかぶせ、15分休ませる。

4　生地を手のひらで軽く押さえて平らにする。向こうから1/3を手前に折り、指先で閉じ目を押さえる。生地を180°回転させ、今度は1/3より少し奥を手前に折り、閉じ目を押さえる。最後に手前に2つに折って、手のひらのつけ根で閉じ目を押さえてくっつける（写真4）。生地に手をあてて転がし、バタール形にする。他の生地も同様にして成形する。

5　オーブンペーパーを敷いた天板の上に、閉じ目を下にして生地を並べる。表面にソーシソンのクープを入れ、濡れ布きんをかぶせて1時間発酵させる。

6　オーブンの下段に別の天板を1枚差し込み、235℃に予熱しておく。オーブンが温まったら庫内の天板に水50cc（分量外）を注ぎ、すぐに生地をのせた天板を入れて4分焼き、温度を220℃に下げてさらに11分焼く。

7　オーブンからパンを取り出したら、表面に刷毛で軽くオリーブオイルを塗り、網などに移して粗熱を取る。

シェーブルチーズのフーガス

La fougasse
au chèvre noir

⏱ 時 間 ⏱

ミキシング	15分
一次発酵	2時間
（このあと15分休ませる）	
二次発酵	1時間
焼成	18分

材料

4個分（1個約330g）

小麦粉（タイプ65）	500g
水	300g
ルヴァンリキッド	100g
生イースト	5g
塩	10g
オリーブオイル	30g
	＋適量（仕上げ用）
エメンタールチーズ	100g（おろす）
クレーム・エペス（発酵したダブルクリーム）	
	100g
シェーブルチーズ（サンドレ／灰かぶり）	
	200g

作り方

1. 生地をこねる。

   卓上ミキサーの場合：ミキサーのボウルに小麦粉、水、ルヴァンリキッド、生イースト、塩を入れ、まずは低速で5分回したあと、高速で10分回してミキシングする。ミキシング終了の約3分前に、オリーブオイルを加える。

   手ごねの場合：作業台（またはボウル）に小麦粉を盛り、真ん中に大きなくぼみを作る。くぼみ部分に水の半量、ルヴァンリキッド、生イースト、塩を入れ、ざっと混ぜる。残りの水とオリーブオイルを加え、全体がなじむまでよく混ぜる。生地にコシが出てなめらかになり、手や台につかなくなるまでしっかりこねる。

2. 生地をひとまとめにし、濡れ布きんをかぶせて2時間発酵させる。途中で1度パンチを入れる（生地を2つに折る）。

3. 打ち粉をした作業台の上で、生地を1個約330gに4分割する。周囲から中心に向かって折り、閉じ目を軽く押さえる。生地を裏返して丸形に丸める。他の生地も同様にする。閉じ目を下にした状態で濡れ布きんをかぶせ、15分休ませる。

4. シェーブルチーズはスライスしておく。生地をめん棒で長さ40cm、厚さ5mmくらいの楕円形にのばす（写真1）。それぞれの生地の半面にクレーム・エペスを塗り（ただし、縁は2cm余白を残す、写真2）、その上にエメンタールチーズ（写真3）、シェーブルチーズの順で広げる（写真4）。

5. 何ものせていない部分に、ピザカッターで3本切り込みを入れる（写真5）。その面を折り返してチーズの上にかぶせ（写真6）、縁の周囲を押さえてくっつける。

6. 油（分量外）を軽く塗った天板の上に、生地をのせる。濡れ布きんをかぶせて1時間発酵させる。

7. オーブンの下段に別の天板を1枚差し込み、235℃に予熱しておく。オーブンが温まったら庫内の天板に水50cc（分量外）を注ぎ、すぐに生地をのせた天板を入れて4分焼き、温度を220℃に下げてさらに14分焼く。

8. オーブンからフーガスを取り出したら、表面に刷毛で軽くオリーブオイルを塗り（写真7）、網などに移して粗熱を取る。

ブラック&グリーンオリーブのフーガス

La fougasse
aux olives noires et vertes

🕐 時間 🕐

ミキシング	15分
一次発酵	2時間
（このあと15分休ませる）	
二次発酵	1時間
焼成	13分

材料
4個分（1個約300g）

小麦粉（タイプ65） ——	500g
水 ——	320g
ルヴァンリキッド ——	100g
生イースト ——	5g
塩 ——	10g
オリーブオイル ——	30g
	＋適量（仕上げ用）

ブラックオリーブ＆グリーンオリーブ（種を抜いたもの）
—————— 各100g（丸ごと使うか、粗く刻む）
＋適量（トッピング用）
エメンタールチーズ —— 100g（おろす）

作り方

1. 生地をこねる。

   卓上ミキサーの場合：ミキサーのボウルに小麦粉、水、ルヴァンリキッド、生イースト、塩を入れ、まずは低速で5分回したあと、高速で10分回してミキシングする。ミキシング終了の約3分前に、オリーブオイルを加える。こね上がったら、ミキサーをいったん止めてオリーブを加え、再び混ぜる（写真1）。

   手ごねの場合：作業台（またはボウル）に小麦粉を盛り、真ん中に大きなくぼみを作る。くぼみ部分に水の半量、ルヴァンリキッド、生イースト、塩を入れ、ざっと混ぜる。残りの水とオリーブオイルを加え、全体がなじむまでよく混ぜる。生地にコシが出てなめらかになり、手や台につかなくなるまでしっかりこねる。こね上がったらオリーブを加えて混ぜ込む。

2. 生地をひとまとめにし、濡れ布きんをかぶせて2時間発酵させる（写真2）。途中で1度パンチを入れる（生地を2つに折る）。

3. 打ち粉をした作業台の上で、生地を1個約300gに4分割し（写真3）、それぞれラグビーボール形に丸める（写真4）。閉じ目を下にした状態で濡れ布きんをかぶせ、15分休ませる。

4. めん棒で生地を長さ20cm、厚さ2cmの楕円形にのばす（写真5、6、7）。生地の表面に刷毛で水を塗る（写真8）。作業台の上にエメンタールチーズを広げ、そこに生地の湿らせた面をあててまぶし、すぐにオーブンペーパーを敷いた天板の上にのせる（写真9）。

5. 生地の表面にピザカッターでエピ（小麦の穂）模様の切り込みを入れる（写真10）。切り込みを手で大きくひっぱって広げる（写真11&12）。

   memo 切り込みの縁どうしが近すぎると、焼成によりくっついてしまう恐れがあるので注意しましょう。

6. 生地の表面にトッピング用のオリーブを飾り（写真13）、濡れ布きんをかぶせて1時間発酵させる。

7. オーブンの下段に別の天板を1枚差し込み、235℃に予熱しておく。オーブンが温まったら庫内の天板に水50cc（分量外）を注ぎ、すぐに生地をのせた天板を入れて4分焼き、温度を220℃に下げてさらに9分焼く。

8. オーブンからフーガスを取り出したら、表面に刷毛で軽くオリーブオイルを塗り、網などに移して粗熱を取る。

ベーコンのフーガス

La fougasse
aux lardons

ミキシング　　　15分

一次発酵　　　2時間
（このあと15分休ませる）

二次発酵　　　1時間

焼成　　　　　14分

材料
4個分（1個約340g）

ベーコン ————— 250g（拍子切り）

小麦粉（タイプ65）—— 500g

水 ——————— 300g

ルヴァンリキッド ——— 100g

生イースト ————— 5g

塩 ——————— 10g

オリーブオイル ——— 30g
　　　　　　＋適量（仕上げ用）

生クリーム ————— 100g

エメンタールチーズ — 75g（おろす）

作り方

1　ベーコンはフライパンで炒め、キッチンペーパーを敷いたザルにあげて余分な油を切っておく。

2　生地をこねる。

　卓上ミキサーの場合：ミキサーのボウルに小麦粉、水、ルヴァンリキッド、生イースト、塩を入れ、まずは低速で5分回したあと、高速で10分回してミキシングする。ミキシング終了の約3分前に、オリーブオイルを加える（写真1）。

　手ごねの場合：作業台（またはボウル）に小麦粉を盛り、真ん中に大きなくぼみを作る。くぼみ部分に水の半量、ルヴァンリキッド、生イースト、塩を入れ、ざっと混ぜる。残りの水とオリーブオイルを加え、全体がなじむまでよく混ぜる。生地にコシが出てなめらかになり、手や台につかなくなるまでしっかりこねる。

3　生地をひとまとめにし、濡れ布きんをかぶせて2時間発酵させる。途中で1度パンチを入れる（生地を2つに折る）。

4　打ち粉をした作業台の上で、生地を1個約340gに4分割し、それぞれラグビーボール形に丸める（写真2）。閉じ目を下にした状態で濡れ布きんをかぶせ、15分休ませる。

5　めん棒で生地を長さ20cm、厚さ約5mmの楕円形にのばす（写真3）。

6　オーブンペーパーを敷いた天板の上に、生地を2枚ずつのせる。生地の縁に余白を1cm残して生クリームを塗り、その上にエメンタールチーズ、そして1のベーコンを広げる（写真4）。濡れ布きんをかぶせて最低1時間発酵させる。

7　オーブンの下段に別の天板を1枚差し込み、235℃に予熱しておく。オーブンが温まったら庫内の天板に水50cc（分量外）を注ぎ、すぐに生地をのせた天板を入れて4分焼き、温度を220℃に下げてさらに10分焼く。

8　オーブンからフーガスを取り出したら、縁に刷毛で軽くオリーブオイルを塗る（写真5）。

ピ ザ

La pizza

🕐🕐 時間 🕐🕐

ミキシング	13分
一次発酵	2時間
二次発酵	1時間
焼成	15分

材料

2枚分(大、1枚約460g)

小麦粉(タイプ65)	500g
水	260g
ルヴァンリキッド	100g
生イースト	5g
塩	10g
グラニュー糖	15g
オリーブオイル	30g
	+適量(仕上げ用)

具材

トマトソース	400g
ハム(スライス)	約10枚
	(半分に切るか細切り)
オレガノ	適量
エメンタールチーズ	200g(おろす)

作り方

1 生地をこねる。

卓上ミキサーの場合:ミキサーのボウルに小麦粉、水、ルヴァンリキッド、生イースト、塩、グラニュー糖を入れ、まずは低速で5分回したあと、高速で8分回してミキシングする。ミキシング終了の約2分前に、オリーブオイルを加える。

手ごねの場合:ボウルに小麦粉を入れ、真ん中に大きなくぼみを作る。くぼみ部分に水の半量(写真1)、ルヴァンリキッド(写真2)、生イースト、塩、グラニュー糖を入れ、ざっと混ぜる。少しずつ残りの水を加え、全体がなじむまで混ぜる(写真3)。さらにオリーブオイルを加え、生地がボウルの縁にくっつかなくなるまでよく混ぜる(写真4&5)。生地を作業台の上に移し、なめらかになるまでしっかりこねる。

2 生地をひとまとめにし、濡れ布きんをかぶせて2時間発酵させる(写真6)。途中で1度パンチを入れる(生地を2つに折る)。

3 打ち粉をした作業台の上で、生地を1個約460gに2分割する。生地をめん棒で天板と同じサイズにのばす。

memo のばした生地の実際のサイズを確かめるには、生地をいったん台からはがしてみます。台からはがすと生地はある程度縮むので、縮んだサイズが天板のサイズになるまでのばします。

4 オーブンペーパーを敷いた天板の上に、生地をのせる。周囲に余白を1cm残してフォークで生地を刺し、全体に穴を開ける(写真7)。濡れ布きんをかぶせて1時間発酵させる。

5 生地の表面にトマトソースを塗り、その上にハムを広げ、さらにオレガノをふりかける(写真8)。さらに上からエメンタールチーズを広げる(写真9)。

6 オーブンの下段に別の天板を1枚差し込み、235℃に予熱しておく。オーブンが温まったら庫内の天板に水50cc(分量外)を注ぎ、すぐに生地をのせた天板を入れて4分焼き、温度を220℃に下げてさらに11分焼く。

7 オーブンからピザを取り出し、生地の縁に刷毛で軽くオリーブオイルを塗る。

Les pains sucrés
et les viennoiseries

ヴィエノワーズリー

ミルク風味のプチ・パン

Le petit pain au lait

時間

ミキシング	12分
一次発酵	1時間
（このあと15分休ませる）	
二次発酵	2時間
焼成	13〜15分

材料
7個分（1個約130g）

小麦粉（タイプ65） ——	500g
牛乳 ——	230g
生イースト ——	20g
グラニュー糖 ——	35g
塩 ——	10g
室温に戻したバター ——	125g
溶き卵 ——	1個分（仕上げ用）
パールシュガー ——	適量（トッピング用）

作り方

1 生地をこねる。

卓上ミキサーの場合：ミキサーのボウルに小麦粉、牛乳、生イースト、グラニュー糖、塩を入れ、まずは低速で4分回したあと、高速で8分回してミキシングする。ミキシング終了の約4分前にバターを加える。

手ごねの場合：作業台（またはボウル）に小麦粉を盛り、真ん中に大きなくぼみを作る。くぼみ部分に牛乳の半量、生イースト、グラニュー糖、塩を入れ、ざっと混ぜる。残りの牛乳を加え、全体がなじむまで混ぜる。さらにバターを加えてよく混ぜ合わせる。生地にコシが出てなめらかになり、手や台につかなくなるまでしっかりこねる。

2 生地をひとまとめにし、濡れ布きんをかぶせて1時間発酵させる（写真1）。

3 打ち粉をした作業台の上で、生地を1個約130gに7分割する。濡れ布きんをかぶせて15分休ませる。

4 生地を成形する。

丸い形にする場合：両手の間で転がす（写真2）。

なまこ形にする場合：生地を手のひらで押さえて平らにし、向こうから1/3を手前に折り、指で閉じ目を押さえる。生地を180°回転させてから、手前に2つに折って手のひらのつけ根で閉じ目を押さえてくっつける。生地に両手をあてて転がし、15cmくらいの長さの棒状（バトン）にのばす（写真3）。

5 オーブンペーパーを敷いた天板の上に、閉じ目を下にして生地を並べる。表面に刷毛で溶き卵を塗り、濡れ布きんをかぶせて2時間発酵させる。

6 オーブンの下段に別の天板を1枚差し込み、200℃に予熱しておく。生地にもう1度溶き卵を塗り（写真4）、ハサミで切り込みを入れていく。

なまこ形の場合：ハサミを生地の表面に滑り込ませて1cm間隔で切る（写真5）。

丸い形の場合：生地の表面を十字に切る（写真6）。

最後に生地の表面にパールシュガーを散らす。

memo ハサミの先端を溶き卵に浸してから切ると、生地がくっつきません。

7 オーブンが温まったら庫内の天板に水50cc（分量外）を注ぎ、すぐに生地をのせた天板を入れて13〜15分焼く。

8 オーブンからパンを取り出し、網などに移して粗熱を取る。

パン・ヴィエノワ
バリエーション：ヴィエノワーズ・ショコラ

Le pain
viennois

⏰⏰ 時間 ⏰⏰

ミキシング	15分
一次発酵	1時間
（このあと15分休ませる）	
二次発酵	1時間30分
焼成	15分

材料
5個分（1個約190g）

小麦粉（タイプ65）	500g
砂糖	35g
塩	10g
脱脂粉乳	25g
水	225g
ルヴァンリキッド	75g
生イースト	15g
室温に戻したバター	75g
溶き卵（仕上げ用）	1個分

ヴィエノワーズ・ショコラを作る場合：

チョコチップ	200g

作り方

1. 生地をこねる。

   卓上ミキサーの場合：ミキサーのボウルに小麦粉、砂糖、塩、脱脂粉乳、水、ルヴァンリキッド、生イーストを入れ、まずは低速で5分回したあと、高速で10分回してミキシングする（写真1）。ミキシング終了の約4分前にバターを加える。

   *ヴィエノワーズ・ショコラを作る場合：生地がこね上がったらチョコチップを加えて混ぜる。

   手ごねの場合：作業台（またはボウル）に小麦粉、砂糖、塩、脱脂粉乳を盛り、真ん中に大きなくぼみを作る。くぼみ部分に水の半量、ルヴァンリキッド、生イーストを入れ、ざっと混ぜる。残りの水を加え、全体がなじむまで混ぜる。さらにバターを加えてよく混ぜ合わせる。生地にコシが出てなめらかになり、手や台につかなくなるまでしっかりこねる。

   *ヴィエノワーズ・ショコラを作る場合：生地がこね上がったら、チョコチップを加えて混ぜ込む。

2. 生地をひとまとめにし、濡れ布きんをかぶせて1時間発酵させる。

3. 打ち粉をした作業台の上で、生地を1個約190gに5分割して丸形に丸める。濡れ布きんをかぶせて15分休ませる。

4. 生地を手のひらでそっと押さえて平らにする。向こうから1/3を手前に折り、指で閉じ目を押さえる。生地を180°回転させ、今度は1/3より少し奥を手前に折り、閉じ目を押さえる。最後に手前に2つに折って、手のひらのつけ根で閉じ目を押さえてくっつける。

5. 生地に両手をあてて転がし、15cmくらいの長さの棒状（バトン）にのばす（写真2）。他の生地も同様に成形する。

6. オーブンペーパーを敷いた天板の上に、閉じ目を下にして生地を並べる。表面に刷毛で溶き卵を塗り（写真3）、冷蔵庫に入れて生地を10分休ませる。生地にもう1度溶き卵を塗り、ソーシソンのクープを入れる。濡れ布きんをかぶせて1時間30分発酵させる。

7. オーブンの下段に別の天板を1枚差し込み、160℃に予熱しておく。オーブンが温まったら庫内の天板に水50cc（分量外）を注ぎ、すぐに生地をのせた天板を入れて15分焼く。

8. オーブンからパンを取り出し、網などに移して粗熱を取る。

   memo 焼き上がった後に、パンの表面に刷毛で溶かしバターを塗っても○Kです。

パン・オ・シュクル

Le pain
au sucre

作り方

1. 前日にシロップを作っておく。片手鍋に赤砂糖と水を入れてひと煮立ちさせ、火からおろして粗熱を取る。冷めたら容器に移し、室温に一晩おいておく。

2. 生地をこねる。

   卓上ミキサーの場合:ミキサーのボウルに小麦粉、水、ルヴァンリキッド、生イースト、塩、赤砂糖を入れ、まずは低速で4分回したあと、高速で6分回してミキシングする。

   手ごねの場合:作業台（またはボウル）に小麦粉を盛り、真ん中に大きなくぼみを作る。くぼみ部分に水の半量、ルヴァンリキッド、生イースト、塩、赤砂糖を入れ、ざっと混ぜる。残りの水を加え、全体がなじむまでよく混ぜる。生地にコシが出てなめらかになり、手や台につかなくなるまでしっかりこねる。

3. 生地をひとまとめにし、濡れ布きんをかぶせて1時間発酵させる。

4. 打ち粉をした作業台の上で、生地を1個約270gに3分割して丸形に丸める。濡れ布きんをかぶせて1時間休ませる。

5. 作業台に軽く油を塗り、生地を裏返してのせる。周囲から中心に向かって折りたたみ、閉じ目を軽く押さえる。再び生地を裏返し、生地をはさむように両手をあて、下部を締めつけながら回転させて均一に丸める（台に油をひいてあるので、閉じ目は閉じてしまわない）。濡れ布きんをかぶせて1時間30分発酵させる。

6. オーブンの下段に天板を1枚差し込み、200℃に予熱しておく。オーブンペーパーを敷いた別の天板の上に、閉じ目を上にして生地を並べる。オーブンが温まったら庫内の天板に水50cc（分量外）を注ぎ、すぐに生地をのせた天板を入れて25分焼く。

7. オーブンからパンを取り出し、表面に刷毛で 1 のシロップを塗り、網などに移して粗熱を取る。

memo 作業台に油を塗る代わりに、打ち粉をして生地を成形する場合は、閉じ目を下にして天板に並べ、表面に十字のクープを入れて焼きます。

◯ ◯ 時間 ◯ ◯

ミキシング	10分
一次発酵	1時間
（このあと1時間休ませる）	
二次発酵	1時間30分
焼成	25分

材料
3個分（1個約270g）

小麦粉(タイプ65)	500g
水	280g
ルヴァンリキッド	100g
生イースト	10g
塩	10g
赤砂糖	80g
ひまわり油	適量
	（作業台に塗る分）

シロップ

赤砂糖	50g
水	50g

ブリオッシュ

La brioche

🕐🕐 **時間** 🕐🕐

ミキシング	15分
一次発酵	2時間
冷蔵	1時間
(このあと30分休ませる)	
二次発酵	1時間30分
焼成	25分

材料
4個分(1個約300g)
[ブリオッシュ型(上径160mm)4台分]

小麦粉(タイプ65)	──	500g
ルヴァンリキッド	──	75g
生イースト	──	20g
塩	──	10g
グラニュー糖	──	80g
卵	──	6個
室温に戻したバター	──	250g
	+適量(型に塗る分)	
バニラエクストラクト	──	5g
溶き卵	──	1個分(仕上げ用)
パールシュガー	──	適量(トッピング用)

作り方

1 生地をこねる。

　卓上ミキサーの場合:ミキサーのボウルに小麦粉、ルヴァンリキッド、生イースト、塩、グラニュー糖、卵を入れ、まずは低速で5分回したあと、高速で10分回してミキシングする(写真1)。ミキシング終了の約4分前に、バターとバニラエクストラクトを加える。

　手ごねの場合:作業台(またはボウル)に小麦粉を盛り、真ん中に大きなくぼみを作る。くぼみ部分にルヴァンリキッド、生イースト、塩、グラニュー糖、卵を入れ、全体がなじむまで混ぜる。さらにバターとバニラエクストラクトを加え、よく混ぜ合わせる。生地にコシが出てなめらかになり、手や台につかなくなるまで、最低30分しっかりこねる。

2 生地をひとまとめにし、濡れ布きんをかぶせて2時間発酵させる(写真2)。生地を冷蔵庫に入れて1時間休ませる。

3 打ち粉をした作業台の上に生地を取り出し、1個約300gに4分割する。必要以上に生地に触れずに、それぞれ丸形に丸める。濡れ布きんをかぶせて30分休ませる。

4 型にバターを塗っておく。**3**の生地をはさむように両手をあて、下部を締めつけながら回転させて均一に丸めなおす(写真3)。生地を1個ずつ型に入れて(写真4)天板に並べ、濡れ布きんをかぶせて1時間30分発酵させる。

5 オーブンの下段に別の天板を1枚差し込み、170℃に予熱しておく。生地の表面に溶き卵を塗り(写真5)、ハサミで十字の切り込みを入れ(写真6&7)、パールシュガーを散らす(写真8)。

6 オーブンが温まったら庫内の天板に水50cc(分量外)を注ぎ、すぐに生地をのせた天板を入れて約25分焼く。

7 オーブンからブリオッシュを取り出して型から外し、網などに移して粗熱を取る。

variante
les briochettes

作り方

1. ブリオッシュ（p192）の 1 〜 2 を参照し、生地を作り、冷蔵庫で1時間休ませる。

2. 打ち粉をした作業台の上に生地を取り出し、1個約120gに10分割して丸形に丸める。濡れ布きんをかぶせて30分休ませる。

3. 生地を手のひらで軽く押さえて平らにする（写真1&2）。向こうから1/3を手前に折り（写真3）、手のひらで閉じ目を押さえる。生地を180°回転させ、再び向こうから1/3を手前に折り、閉じ目を押さえる。最後に手前に2つに折って、手のひらのつけ根で閉じ目を押さえてくっつける。

4. 生地に両手をあてて軽く転がし（写真4）、オーブンペーパーを敷いた天板の上に隣り合わせて並べる（写真5）。濡れ布きんをかぶせて1時間30分発酵させる（発酵完了時には生地どうしはくっつき、ひとつの生地のようになっている）。

5. オーブンの下段に別の天板を1枚差し込み、170℃に予熱しておく。生地の表面に溶き卵を塗り、パールシュガーを散らす（写真6）。オーブンが温まったら庫内の天板に水50cc（分量外）を注ぎ、すぐに生地をのせた天板を入れて15分焼く。

6. オーブンからパンを取り出し、網などに移して粗熱を取る。

パン・ブリオッシェ／
ブリオッシェ食パン

Le pain
brioché

◔◔ 時間 ◔◔

ミキシング	15分
一次発酵	1時間
二次発酵	1時間30分
焼成	30分

材料

1個分（約1kg）
[パウンド型（400×100mm）1台分]

小麦粉(タイプ65)	500g
水	135g
卵	3個(135g)
ルヴァンリキッド	75g
生イースト	20g
塩	10g
脱脂粉乳	25g
砂糖	35g
室温に戻したバター	75g
	＋適量(型に塗る分)
溶き卵	1個分(仕上げ用)

memo パン・ブリオッシェは、ブリオッシュとパン・ド・ミの中間くらいの、ちょっとリッチな配合のパンです。

作り方

1 生地をこねる。

卓上ミキサーの場合：ミキサーのボウルに小麦粉、水、卵、ルヴァンリキッド、生イースト、塩、脱脂粉乳、砂糖を入れ、まずは低速で5分回したあと、高速で10分回してミキシングする。ミキシング終了の約4分前にバターを加える。

手ごねの場合：作業台（またはボウル）に小麦粉を盛り、真ん中に大きなくぼみを作る。くぼみ部分に水の半量、卵、ルヴァンリキッド、生イースト、塩、脱脂粉乳、砂糖を入れ、ざっと混ぜる。残りの水を加え、全体がなじむまで混ぜる。さらにバターを加えてよく混ぜ合わせる。生地にコシが出てなめらかになり、手や台につかなくなるまでしっかりこねる。

2 生地をひとまとめにし、濡れ布きんをかぶせて1時間発酵させる。

3 型にバターを塗っておく。打ち粉をした作業台の上で、2 の生地を1個約250gに4分割し、それぞれラグビーボール形に丸める。生地をはさむように両手をあて、下部を締めつけながら回転させて均一に丸める。

4 型に生地を隣り合わせて入れる（生地が型の高さの1/3くらいを占める状態）。型を天板の上にのせ、表面に刷毛で溶き卵を塗り、濡れ布きんをかぶせて1時間30分発酵させる（発酵完了時には、生地どうしがくっついてひとつの生地のようになっている）。

5 オーブンの下段に別の天板を1枚差し込み、180℃に予熱しておく。もう1度生地に溶き卵を塗る。オーブンが温まったら庫内の天板に水50cc（分量外）を注ぎ、すぐに生地をのせた天板を入れて約30分焼く。

6 オーブンからパンを取り出して型から外し、網などに移して粗熱を取る。

レーズンのブノワトン

Le benoîton
aux raisins

⌖ 時 間 ⌖

ミキシング	10分
一次発酵	1時間
二次発酵	1時間30分
焼成	12〜15分

材料
12本分（1本約80g）

小麦粉（タイプ65）	—— 300g
ライ麦粉	—— 200g
水	—— 380g
ルヴァンリキッド	—— 75g
生イースト	—— 10g
塩	—— 10g
コリントレーズン	—— 300g
溶かしバター	—— 30g

作り方

1 生地をこねる。

> **卓上ミキサーの場合：**ミキサーのボウルに2種の粉、水、ルヴァンリキッド、生イースト、塩を入れ、まずは低速で4分回したあと、高速で6分回してミキシングする。こね上がったら、レーズンと溶かしバターを加えて低速で混ぜる。

> **手ごねの場合：**作業台（またはボウル）に2種の粉を盛り、真ん中に大きなくぼみを作る。くぼみ部分に水の半量、ルヴァンリキッド、生イースト、塩を入れ、ざっと混ぜる。残りの水を加え、全体がなじむまでよく混ぜる。生地にコシが出てなめらかになり、手や台につかなくなるまでしっかりこねる。こね上がったら、レーズンと溶かしバターを加えて混ぜ込む。

2 生地をひとまとめにし、濡れ布きんをかぶせて1時間発酵させる。

3 打ち粉をした作業台の上に生地をのせ、手で押し広げて40×40cm、厚さ2cmにのばす（写真1&2）。生地をナイフで半分に切り（写真3）、幅3〜4cm長さ20cmの棒状（バトン）に切り分けていく。

4 オーブンペーパーを敷いた網（または天板）の上に生地を並べ（写真4）、濡れ布きんをかぶせて1時間30分発酵させる。

5 オーブンの下段に天板を1枚差し込み、220℃に予熱しておく。オーブンが温まったら庫内の天板に水50cc（分量外）を注ぎ、すぐに生地をのせた網を入れて12〜15分焼く。

6 オーブンからパンを取り出し（写真5）、網などに移して粗熱を取る。

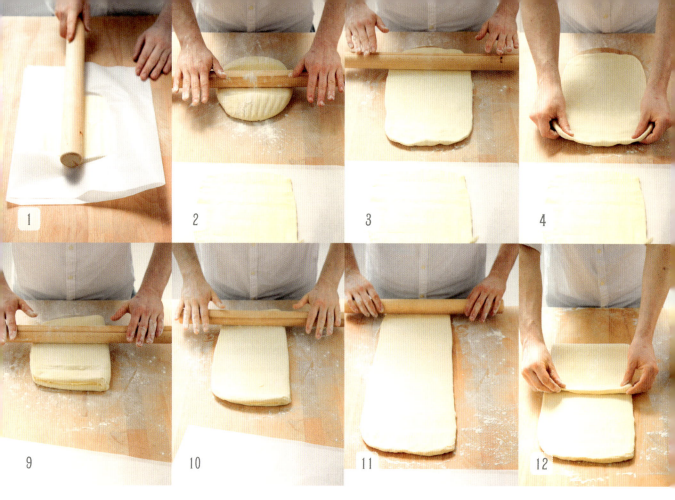

クロワッサン
Le croissant

🕐🕐 時間 🕐🕐

ミキシング	10分
冷蔵 （3つ折り1回目）	1時間
冷蔵 （3つ折り2回目）	1時間
冷蔵 （3つ折り3回目）	1時間
冷蔵 （成形）	1時間
発酵	2時間
焼成	15分

材料
20個分（1個約60g）

小麦粉（タイプ65）	500g	砂糖	70g
水（10℃）	220g	卵	1個（50g）
ルヴァンリキッド	50g	室温にもどしたバター	25g（練り込み用）
生イースト	20g	冷えたバター	250g（折り込み用）
塩	10g	溶き卵	1個分（仕上げ用）

作り方

1 生地をこねる。

> **卓上ミキサーの場合**：ミキサーのボウルに小麦粉、水、ルヴァンリキッド、生イースト、塩、砂糖、卵を入れ、まずは低速で5分回したあと、高速で5分回してミキシングする。ミキシング終了の約3分前に、練り込み用のバターを加える。

手ごねの場合：作業台（またはボウル）に小麦粉を盛り、真ん中に大きなくぼみを作る。くぼみ部分に砂糖、卵、生イースト、塩、ルヴァンリキッド、練り込み用のバターの順に入れ、水の半量を加えて混ぜる。残りの水を加え、全体がなじむまでよく混ぜる。生地にコシが出てなめらかになり、手や台につかなくなるまでしっかりこねる。

2️⃣ 生地をひとまとめにし、ボウルに入れる。濡れ布きんをかぶせて冷蔵庫に1時間入れ、折り込み用バターと同じ固さになるようにする。

3️⃣ 折り込み用のバターを冷蔵庫から出し、オーブンペーパー2枚の間にはさむ。めん棒で軽くたたいてバターをやわらかくし（写真1）、軽く長方形にのばす。

4️⃣ 打ち粉をした作業台に 2️⃣ の生地を取り出す。生地をめん棒で30×60cm（厚さ3mm）の長方形にのばす（写真2&3）。

   memo 時々、生地を台からはがし、実際のサイズを確認しましょう（写真4）。

5️⃣ 3️⃣ のバターを、4️⃣ の生地の半分の大きさになるようにのばす。生地の向こう半分にバターをのせ（写真5）、手前の生地をその上に折り返す（写真6&7）。

6️⃣ 生地を90°回転させ、閉じ目が右側にくるようにする（写真8）。再び生地をめん棒でのばす。もとの生地の3倍の長さになったら（写真9、10、11）、手前1/3を折る（写真12）。

   memo 生地の間の余計な打ち粉はブラシで払います（写真13）。

7 　今度は向こう側の1/3を折り返し（写真14）、これで3つ折りの1回目が完了。生地をラップで包み（写真15）、表面に指1本で"1回目完了"の印をつける（写真16）。冷蔵庫に入れ、1時間冷やす。

8 　作業台に再び打ち粉をし、生地を取り出し、6 〜 7 を繰り返す（生地をめん棒でのばし［写真17］、3つ折りにする［写真18&19］）。生地をラップで包み、表面に指2本で"2回目完了"の印をつける（写真20）。冷蔵庫で1時間冷やす。

9 　6 〜 7 をもう1度繰り返し、生地をラップで包み、表面に指3本で"3回目完了"の印をつける。冷蔵庫で1時間冷やす。

10 　作業台に打ち粉をし、生地を取り出す。めん棒で厚さ2〜3mm、幅24〜25×長さ80〜100cmの長方形にのばす。四隅がきちんと直角になるように整える（写真21）。

11 　生地をいったん縦半分に折り（写真22）、生地を広げて折り線に沿って半分に切る。2枚の生地を重ね、大きなナイフで底辺10cm（スケッパーの幅分［写真23］）、2辺がそれぞれ16〜18cmの2等辺三角形に切り分け、1枚ずつはがす（写真24）。

12 　三角形の生地の底辺のほうから、頂点にむかってくるくる巻いていく（写真25）。焼き上がりの形が崩れないように、巻き終わり（頂点の部分）は必ず下にくるようにする。

memo 　生地が冷えている状態で手早く作業を行うこと。作業中に生地がやわらかくなってしまうとうまく巻けないので、その場合は再び冷蔵庫に入れて冷やします。

13 　オーブンペーパーを敷いた網の上に生地を並べ、濡れ布きんをかぶせて2時間発酵させる。

memo 　加熱していないオーブンに生地をのせた網を入れ、発酵室代わりにしてもOKです。ただし、予熱をする際にはオーブンから取り出します。

14 　オーブンの下段に天板を1枚差し込み、170℃に予熱しておく。生地の表面に溶き卵を塗る（写真26）。オーブンが温まったら庫内の天板に水50cc（分量外）を注ぎ、すぐに生地をのせた網を入れて15分焼く。

15 　オーブンからクロワッサンを取り出し、網などに移して粗熱を取る。

21

22

23

24

25

26

Le pain au chocolat

ミキシング	10分
冷蔵	1時間
(3つ折り1回目)	
冷蔵	1時間
(3つ折り2回目)	
冷蔵	1時間
(3つ折り3回目)	
冷蔵	1時間
(成形)	
発酵	2時間
焼成	15分

材料

16個分（1個約70g）

小麦粉(タイプ65)	500g
水(10℃)	220g
ルヴァンリキッド	50g
生イースト	20g
塩	10g
砂糖	70g
卵	1個(50g)
室温に戻したバター	25g(練り込み用)
冷えたバター	250g(折り込み用)
ビターチョコレート(板チョコ)	
	16かけ
(1列を縦に3ブロックに割ったもの)	
溶き卵	1個分(仕上げ用)

memo. ビターチョコレートは、長さ8cm
のバトン・ショコラでもOKです。

作り方

1　生地をこねる。

　卓上ミキサーの場合：ミキサーのボウルに小麦粉、水、ルヴァンリキッド、生イースト、塩、砂糖、卵を入れ、まずは低速で5分回したあと、高速で5分回してミキシングする。ミキシング終了の約3分前に、練り込み用のバターを加える。

　手ごねの場合：作業台（またはボウル）に小麦粉を盛り、真ん中に大きなくぼみを作る（写真1）。くぼみ部分に砂糖、卵、生イースト、塩、ルヴァンリキッド、練り込み用のバターの順に入れ、水の半量を加え（写真2＆3）、くぼみの内側を混ぜる（写真4）。残りの水を加え、全体がなじむまでよく混ぜる（写真5＆6）。生地を作業台に打ちつけては折りたたみながら（写真7＆8）、生地にコシが出てなめらかになり、手や台につかなくなるまでこねる。

2　生地をひとまとめにし（写真9）、ボウルに入れる。濡れ布きんをかぶせて冷蔵庫に1時間入れ、折り込み用のバターと同じ固さになるようにする。

3　折り込み用のバターを冷蔵庫から出し、オーブンペーパー2枚の間にはさむ。めん棒で軽くたたいてバターをやわらかくし、軽く長方形にのばす。

4　打ち粉をした作業台に 2 の生地を取り出す。生地をめん棒で30×60cm（厚さ3mm）の長方形にのばす。

5　3 のバターを、4 の生地の半分の大きさになるようにのばす。生地の向こう半分にバターをのせ、手前の生地をその上に折り返す。

6　生地を90°回転させ、閉じ目が右にくるようにする。再び生地をめん棒でのばす。もとの生地の3倍の長さになったら、まずは手前1/3を折り、今度は向こう側の1/3

を折り返す。これで3つ折りの1回目が完了。生地をラップで包み、表面に指1本で"1回目完了"の印をつける。冷蔵庫に入れ、1時間冷やす。

memo　生地の間の余計な打ち粉はその都度ブラシで払います。

7　作業台に再び打ち粉をし、生地を取り出す。6 を繰り返す（生地をめん棒でのばし、3つ折りにする）。生地をラップで包み、表面に指2本で"2回目完了"の印をつける。冷蔵庫に入れ、1時間冷やす。

8　6 をもう1度繰り返し、生地をラップで包み、表面に指3本で"3回目完了"の印をつける。冷蔵庫に入れ、1時間冷やす。

9　作業台に打ち粉をし、生地を取り出す。めん棒で幅30〜35cm（厚さ3mm）の長方形にのばす（写真10）。

10 生地をいったん縦半分に折り、ナイフで角をしっかり直角に整える。生地を広げ、折り線に従って半分に切る。

11 生地を横長に向け、チョコレート（板チョコ3ブロック分、またはバトン・ショコラ1本）を生地の端に横長にのせる（写真11）。チョコレートの幅に合わせて生地（10×15cmくらいの長方形）を切り出す。残りの生地も幅がチョコレートの幅より短くならないように、同じサイズで切り分ける。

12 切り分けた生地を縦長に置き、奥にチョコレートをのせ、生地で巻いていく。焼いた時に開いてしまわないよう、巻き終わりが下にくるようにする（写真12）。

memo　生地が冷えている状態で手早く作業を行います。作業中に生地がやわらかくなってしまうとうまく巻けないので、その場合は再び冷蔵庫に入れて冷やしましょう。

13 オーブンペーパーを敷いた天板の上に生地を並べ、濡れ布きんをかぶせて2時間発酵させる。

memo　加熱していないオーブンに生地をのせた天板を入れ、発酵室代わりにしても〇Kです。ただし、予熱をする際にはオーブンから取り出します。

14 オーブンの下段に別の天板を1枚差し込み、170℃に予熱しておく。生地の表面に刷毛で溶き卵を塗る。オーブンが温まったら庫内の天板に水50cc（分量外）を注ぎ、すぐに生地をのせた天板を入れて15分焼く。

15 オーブンからパン・オ・ショコラを取り出し、網などに移して粗熱を取る。

バニラ風味のプチ・パン

Le petit pain
à la vanille

⏱ 時間 ⏱⏱

ミキシング	12分
一次発酵	1時間10分
(このあと30分休ませる)	
二次発酵	1時間20分
焼成	15分

材料
16個分（1個約60g）

バニラビーンズ	4本
小麦粉（タイプ65）	500g
水	280g
ルヴァンリキッド	100g
生イースト	15g
菜種油	30g
赤砂糖	80g
塩	10g

作り方

1. バニラビーンズは縦に割き、ナイフの背などを使って中の種をこそげ取っておく。

2. 生地をこねる。

   卓上ミキサーの場合：ミキサーのボウルに小麦粉、水、ルヴァンリキッド、生イースト、菜種油、赤砂糖、塩を入れ、まずは低速で4分回したあと、高速で8分回してミキシングする。こね上がったら、1のバニラの種を加えて混ぜる。

   手ごねの場合：作業台（またはボウル）に小麦粉を盛り、真ん中に大きなくぼみを作る。くぼみ部分に水の半量、ルヴァンリキッド、生イースト、菜種油、赤砂糖、塩、1のバニラの種を入れ、ざっと混ぜる。残りの水を加え、全体がなじむまでよく混ぜる。生地にコシが出てなめらかになり、手や台につかなくなるまでしっかりこねる。

3. 生地をひとまとめにし、濡れ布きんをかぶせて1時間10分発酵させる。

4. 打ち粉をした作業台の上で、生地を1個約60gに16分割して丸形に丸める。濡れ布きんをかぶせて30分休ませる。

5. 4の生地のうち8個は、それぞれ手のひらで転がして丸形に成形する。

6. 4の生地の残り8個はなまこ形に成形する。生地を手のひらで軽く押さえて平らにする。向こうから1/3を手前に折り、指で閉じ目を押さえる。生地を180°回転させ、今度は1/3より少し奥を手前に折り、閉じ目を押さえる。最後に手前に2つに折って、手のひらのつけ根で閉じ目を押さえてくっつける。生地に両手をあてて転がし、10〜12cmの長さのなまこ形にする。

7. オーブンペーパーを敷いた天板の上に、閉じ目を下にして生地を並べる。濡れ布きんをかぶせて1時間20分発酵させる。

8. オーブンの下段に別の天板を1枚差し込み、200℃に予熱しておく。丸く成形した生地の表面には星形のクープを入れる。なまこ形に成形した生地には、ソーシソンのクープか、シンプルに縦に2〜4本クープを入れる。

9. オーブンが温まったら庫内の天板に水50cc（分量外）を注ぎ、すぐに生地をのせた天板を入れて15分焼く。

10. オーブンからパンを取り出し、網などに移して粗熱を取る。

パン・ド・ミ

Le pain de mie

⏱⏱ **時間** ⏱⏱

ミキシング　　15分

一次発酵　　1時間
（このあと15分休ませる）

二次発酵　　1時間30分

焼成　　　　30〜40分

材料
2個分（1個約500g）
［パウンド型（170×75×H75mm）
2台分］

小麦粉（タイプ65）——	500g
水 ——	280g
ルヴァンリキッド ——	75g
生イースト ——	20g
塩 ——	10g
脱脂粉乳 ——	10g
砂糖 ——	40g
室温に戻したバター——	40g
	+適量（型に塗る分）
クレーム・エペス（発酵したダブルクリーム）	
——	20g
溶き卵 ——	1個分（仕上げ用）

作り方

1　生地をこねる。

　卓上ミキサーの場合：ミキサーのボウルに小麦粉、水、ルヴァンリキッド、生イースト、塩、脱脂粉乳、砂糖を入れ、まずは低速で5分回したあと、高速で10分回してミキシングする。ミキシング終了の約4分前に、バター（写真1）とクレーム・エペスを加え、均一になるまで混ぜる（写真2）。

　手ごねの場合：作業台（またはボウル）に小麦粉を盛り、真ん中に大きなくぼみを作る。くぼみ部分に水の半量、ルヴァンリキッド、生イースト、塩、脱脂粉乳、砂糖を入れ、ざっと混ぜる。残りの水を加え、全体がなじむまで混ぜる。さらにバターとクレーム・エペスを加え、よく混ぜ合わせる。生地にコシが出てなめらかになり、手や台につかなくなるまでしっかりこねる。

2　生地をひとまとめにし、濡れ布きんをかぶせて1時間発酵させる。

3　打ち粉をした作業台の上で、生地を1個約250gに4分割する。必要以上に生地に触れずに、それぞれ丸形に丸める。濡れ布きんをかぶせて15分休ませる。

4　生地をはさむように両手をあて、下部を締めつけながら回転させて丸めなおす（写真3&4）。型にバターを塗り（写真5）、1つの型に2個ずつ生地を入れる（生地が型の高さの2/3を占める状態）。

5　型ごと生地を天板の上に並べ、生地の表面に刷毛で溶き卵を塗る。濡れ布きんをかぶせて1時間30分発酵させる（発酵完了時には、生地どうしがくっつきひとつの生地のようになっている）。

6 オーブンの下段に別の天板を1枚差し込み、170℃に予熱しておく。生地にもう1度溶き卵を塗る。オーブンが温まったら庫内の天板に水50cc（分量外）を注ぎ、すぐに生地をのせた天板を入れて30〜40分焼く。

7 オーブンから取り出し（写真6）、パンを型から外し、網などに移して粗熱を取る。

バリエーション：ピスタチオのパン・ド・ミ

variante
le pain de mie à la pistache

作り方

1　パン・ド・ミ（p210）の **1** を参照して材料をミキシングし、こね上がったらピスタチオペースト40gを加えて混ぜ込む。生地をひとまとめにし、1時間発酵させる。

2　生地を1個250gに4分割して丸形に丸め、濡れ布きんをかぶせて15分休ませる。

3　生地を裏返し、周囲から中心に向かって折りたたみ、閉じ目を軽く押さえる。再び生地を裏返し、生地をはさむように両手をあて、下部を締めつけながら回転させて均一に丸める。

4　型にバターを塗り、1つの型に2個ずつ生地を入れる。パン・ド・ミの **5** 〜 **7** に従い、生地を発酵させてから焼く。

5　パンが冷めたら、生地の表面に刷毛でシロップ（砂糖100gと水100g、パン・オ・シュクル［p190］参照）を塗り、細かく砕いたピスタチオを散らす。表面にパレットナイフを斜めにあて、粉糖をふるう（パレットナイフを移動させては粉糖をふるい、模様をつける）。

ミキシング　　10分
冷蔵　　　　　1時間
（3つ折り1回目）
冷蔵　　　　　1時間
（3つ折り2回目）
冷蔵　　　　　1時間
（3つ折り3回目）
冷蔵　　　　　1時間
（成形）
発酵　　　　　2時間
焼成　　　　　15分

材料
18個分（1個約85g）

小麦粉（タイプ65）——	500g
水（10℃）——	220g
ルヴァンリキッド ——	50g
生イースト ——	20g
塩 ——	10g
砂糖 ——	70g
卵 ——	1個（50g）
室温に戻したバター ——	25g（練り込み用）
冷えたバター（折り込み用） ——	250g
サルタナレーズン ——	150g
	（生地の重さの15%相当）
溶き卵 ——	1個分

カスタードクリーム

バニラビーンズ ——	1本
牛乳 ——	500g
卵 ——	2個
砂糖 ——	120g
コーンスターチ ——	50g

シロップ

砂糖 ——	100g
水 ——	100g

パ ン ・ オ ・ レ ザ ン

Le pain aux raisins

作り方

1 生地をこねる。

卓上ミキサーの場合：ミキサーのボウルに小麦粉、水、ルヴァンリキッド、生イースト、塩、砂糖、卵を入れ、まずは低速で5分回したあと、高速で5分回してミキシングする。ミキシング終了の約3分前に、練り込み用のバターを加える。

手ごねの場合：作業台（またはボウル）に小麦粉を盛り、真ん中に大きなくぼみを作る。くぼみ部分に砂糖、卵、生イースト、塩、ルヴァンリキッド、練り込み用のバターの順に入れ、水の半量を加えて混ぜる。残りの水を加え、全体がなじむまでよく混ぜる。生地にコシが出てなめらかになり、手や台につかなくなるまでしっかりこねる。

2 生地をひとまとめにし、ボウルに入れる。濡れ布きんをかぶせて冷蔵庫で1時間冷やし、折り込み用のバターと同じ固さになるようにする。

3 折り込み用のバターを冷蔵庫から出し、オーブンペーパー2枚の間にはさむ。めん棒で軽くたたいてバターをやわらかくし、軽く長方形にのばす。

4 打ち粉をした作業台に **2** の生地を取り出す。生地をめん棒で30×60cm（厚さ3mm）の長方形にのばす。

5 **3** のバターを、**4** の生地の半分の大きさになるようにのばす。生地の向こう半分にバターをのせ、手前の生地をその上に折り返す。

6 生地を90°回転させ、閉じ目が右にくるようにする。再び生地をめん棒でのばす。もとの生地の3倍の長さになったら、まずは手前1/3を折り、今度は向こう側の1/3を折り返す。これで3つ折りの1回目が完了。生地をラップで包み、表面に指1本で"1回目完了"の印をつける。冷蔵庫に入れ、1時間冷やす。

memo　生地の間の余計な打ち粉はその都度ブラシで払います。

7 作業台に再び打ち粉をし、生地を取り出し、**6** を繰り返す（生地をめん棒でのばし、3つ折りにする）。生地をラップで包み、表面に指2本で"2回目完了"の印をつける。冷蔵庫で1時間冷やす。

8 **6** をもう1度繰り返し、生地をラップで包み、表面に指3本で"3回目完了"の印をつける。冷蔵庫で1時間冷やす。

9 作業台に打ち粉をし、生地をめん棒で30×40cm、厚さ3〜4mmの長方形にのばす。

10 カスタードクリーム（作り方はp216参照）をミキサーにかけるか、ホイッパーで混ぜてなめらかにする（写真1）。生地の表面にパレットナイフでカスタードクリームを広げ（写真2）、レーズンを全体にまんべんなく散らす（写真3）。

11 生地を右端から左に向かって巻き（写真4）、巻き終わりを下にする（写真5）。▶

12 端から1.5cm幅で18個に切り分け（写真6）、オーブンペーパーを敷いた網（または天板）の上に並べる。表面に溶き卵を塗り（写真7）、濡れ布きんをかぶせて2時間発酵させる。

memo　加熱していないオーブンに生地をのせた網を入れ、発酵室代わりにしても○Kです。ただし、予熱をする際にはオーブンから取り出しましょう。

13 生地を発酵させている間にシロップを作る。鍋に水と砂糖を入れて火にかけ、ひと煮立ちさせる。鍋を火からおろし、そのまま冷ましておく。

14 オーブンの下段に天板を1枚差し込み、170℃に予熱しておく。生地にもう1度溶き卵を塗る。オーブンが温まったら庫内の天板に水50cc（分量外）を注ぎ、すぐに生地をのせた天板を入れて15分焼く。

15 オーブンからパンを取り出して網などに移し、粗熱を取りながら熱いうちに表面に刷毛でシロップを塗る。

カスタードクリームの作り方

1 バニラビーンズは縦に割き、ナイフの背などを使って中の種をこそげ取っておく。片手鍋に入れた牛乳にバニラの種とさやを加え、ひと煮立ちさせる。

2 ボウルに卵と砂糖を入れ、白くもったりするまでホイッパーでよく混ぜる。さらにコーンスターチを加えて混ぜる。ここに 1 の温めた牛乳の1/3量を注ぎ、力強くかき混ぜる。

3 2 を 1 の鍋に戻し（この際にバニラのさやは取り除く）、弱火にかける。ホイッパーで絶えず混ぜながら濃厚に炊き上げていく（ホイッパーは鍋底だけでなく、縁にもしっかりあてる）。表面に泡が出始めたら、鍋を火から下ろす。

4 炊き上がったカスタードクリームをバットに広げ、表面にぴったり密着させてラップをかけ、そのまま冷ましておく。

Les petits pains

プチ・パン

けしの実のプチ・パン

Le petit pain
au pavot

⏱⏱ **時間** ⏱⏱

けしの実の焙煎	10分
ミキシング	10分
一次発酵	1時間30分
(このあと15分休ませる)	
二次発酵	1時間30分
焼成	14分

材料
17個分(1個約60g)

けしの実	100g(生地用)
	+適量(トッピング用)
小麦粉(タイプ65)	500g
水	320g
	+30g
	(けしの実の吸水用)
ルヴァンリキッド	100g
生イースト	5g
塩	10g

作り方

1. けしの実は100gを量り(写真1)、オーブンペーパーを敷いた天板の上に広げ、200〜250℃に予熱したオーブンで10分ほど色づいて香ばしい香りがするまでローストする。すぐに水30gを入れたボウルにあけ、数分浸しておく。

2. 生地をこねる。

   卓上ミキサーの場合:ミキサーのボウルに小麦粉、水、ルヴァンリキッド、生イースト、塩を入れ、まずは低速で4分回したあと、高速で6分回してミキシングする。こね上がったら、1 のけしの実を水ごと加えて混ぜる。

   手ごねの場合:作業台(またはボウル)に小麦粉を盛り、真ん中に大きなくぼみを作る。くぼみ部分に水の半量、ルヴァンリキッド、生イースト、塩を入れ、ざっと混ぜる。残りの水と 1 のけしの実を水ごと加え、全体がなじむまでよく混ぜる。生地にコシが出てなめらかになり、手や台につかなくなるまでしっかりこねる。

3. 生地をひとまとめにし、濡れ布きんをかぶせて1時間30分発酵させる。

4. 打ち粉をした作業台の上で、生地を1個約60gに17分割し(写真2)、それぞれ丸形に丸める。濡れ布きんをかぶせて15分休ませる。

5. トッピング用のけしの実をバットに広げておく。4 の生地を丸い形、またはなまこ形(写真3)に成形する。

   丸い形にする場合:生地を手のひらで転がして丸める。

   なまこ形にする場合:ベーコンとピーカンナッツのプチ・パン(p223)の 5 を参照。

6. 生地の表面に刷毛で水を塗るか霧吹きで水を吹きかけて湿らせ、この面をけしの実にあててまぶす。オーブンペーパーを敷いた天板の上に生地を並べる。濡れ布きんをかぶせて1時間30分発酵させる。

7. オーブンの下段に別の天板を1枚差し込み、230℃に予熱しておく。生地の表面に好みのクープを入れるか(写真4)、ハサミで切り込みを入れる。オーブンが温まったら庫内の天板に水50cc(分量外)を注ぎ、すぐに生地をのせた天板を入れて14分焼く。

8. オーブンからパンを取り出し、網などに移して粗熱を取る。

ベーコンとピーカンナッツの
プチ・パン

Le petit pain
aux lardons et aux noix de pécan

🕐🕑 時間 🕒🕓

ミキシング	10分
一次発酵	1時間30分
（このあと30分休ませる）	
二次発酵	1時間30分
焼成	14分

材料
20個分（1個約60g）

ベーコン	200g	（生地の重さの20％相当）
ピーカンナッツ	100g	（生地の重さの10％相当）
小麦粉（タイプ65）	500g	
水	310g	
ルヴァンリキッド	100g	
生イースト	5g	
塩	10g	

作り方

1. ベーコンは拍子切りにし（写真1）、フライパンで炒め、ザルにあげて油を切る（写真2）。小さなボウルにベーコンとピーカンナッツを入れ、合わせておく（写真3）。

2. 生地をこねる。

   卓上ミキサーの場合：ミキサーのボウルに小麦粉、水、ルヴァンリキッド、生イースト、塩を入れ、まずは低速で4分回したあと、高速で6分回してミキシングする。こね上がったら 1 を加えて混ぜる。

   手ごねの場合：作業台（またはボウル）に小麦粉を盛り、真ん中に大きなくぼみを作る。くぼみ部分に水の半量、ルヴァンリキッド、生イースト、塩を入れ、ざっと混ぜる。残りの水を加え、全体がなじむまでよく混ぜる。生地にコシが出てなめらかになり、手や台につかなくなるまでしっかりこねる。こね上がったら 1 を加えて混ぜ込む。

3. 生地をひとまとめにし、濡れ布きんをかぶせて1時間30分発酵させる。

4. 打ち粉をした作業台の上で、生地を1個約60gに20分割して丸形に丸める（写真4）。濡れ布きんをかぶせて30分休ませる。

5. なまこ形に成形する。生地を手のひらで軽く押さえて平らにする（写真5）。向こうから1/3を手前に折り（写真6）、指で閉じ目を押さえる（写真7）。生地を180°回転させ、今度は1/3より少し奥を手前に折り、閉じ目を押さえる。最後に手前に2つに折って、手のひらのつけ根で閉じ目を押さえてくっつける（写真8）。生地に両手をあてて転がし、なまこ形にする（写真9）。

   memo　丸く成形してもOKです（けしの実プチ・パン [p220] の 5 を参照）。

6. オーブンペーパーを敷いた天板の上に、閉じ目を下にして生地を並べる。濡れ布きんをかぶせて1時間30分発酵させる。

7. オーブンの下段に別の天板を1枚差し込み、230℃に予熱しておく。生地の表面に好みのクープを入れる（写真10）。オーブンが温まったら庫内の天板に水50cc（分量外）を注ぎ、すぐに生地をのせた天板を入れて14分焼く。

8. オーブンからパンを取り出し、網などに移して粗熱を取る。

ピストレ

Le pistolet

🕐🕐 時間 🕐🕐

ミキシング	10分
一次発酵	1時間30分
（このあと30分休ませる）	
二次発酵	1時間30分
焼成	14分

材料
12個分（1個約75g）

小麦粉（タイプ65） ——	500g
水 ——————————	310g
ルヴァンリキッド ———	100g
生イースト —————	3g
塩 ————————————	10g

作り方

1 生地をこねる。

    卓上ミキサーの場合：ミキサーのボウルに小麦粉、水、ルヴァンリキッド、生イースト、塩を入れ、まずは低速で4分回したあと、高速で6分回してミキシングする。

    手ごねの場合：作業台（またはボウル）に小麦粉を盛り、真ん中に大きなくぼみを作る。くぼみ部分に水の半量、ルヴァンリキッド、生イースト、塩を入れ、ざっと混ぜる。残りの水を加え、全体がなじむまでよく混ぜる。生地にコシが出てなめらかになり、手や台につかなくなるまでしっかりこねる。

2 生地をひとまとめにし、濡れ布きんをかぶせて1時間30分発酵させる。

3 打ち粉をした作業台の上で、生地を1個約75gに12分割する。それぞれ手のひらで転がして丸形に丸め（写真1）、濡れ布きんをかぶせて30分休ませる。

4 生地を手のひらで軽く押さえて平らにする。向こうから1/3を手前に折り（写真2）、指で閉じ目を押さえる。生地を180°回転させ、今度は1/3より少し奥を手前に折り、閉じ目を押さえる。最後に手前に2つに折って、手のひらのつけ根で押さえてくっつける。

5 生地に両手をあて、転がしてなまこ形にし（写真3）、表面に粉をふる（写真4）。小さなめん棒を生地の中央に強く押し込み（写真5）、両端をつまんで前後の生地を寄せる（写真6）。他の生地も同様にして成形する。

6 オーブンペーパーを敷いた天板の上に、生地を並べる。濡れ布きんをかぶせて1時間30分発酵させる。

7 オーブンの下段に別の天板を1枚差し込み、230℃に予熱しておく。オーブンが温まったら庫内の天板に水50cc（分量外）を注ぎ、すぐに生地をのせた天板を入れて14分焼く。

8 オーブンからパンを取り出し、網などに移して粗熱を取る。

カムット小麦の海藻プチ・パン

Le petit pain
de Kamut® aux algues

🕐🕐 時間 🕐🕐

ミキシング	8分
一次発酵	30分
二次発酵	2時間
焼成	14分

材料
17個分（1個50〜60g）

海藻（乾燥）	90g
オーガニックのカムット小麦	300g
オーガニック小麦粉（タイプ65）	200g
水	300g
オーガニックのルヴァンリキッド	150g
生イースト	2g
塩	10g

作り方

1 冷水（分量外）を入れた容器に海藻を浸してもどしておく。

2 生地をこねる。

卓上ミキサーの場合：ミキサーのボウルに2種の粉、水、ルヴァンリキッド、生イースト、塩を入れ、まずは低速で4分回したあと、高速で4分回してミキシングする。こね上がったら、水気を切った海藻を加えて混ぜる。

手ごねの場合：作業台（またはボウル）に2種の粉を盛り、真ん中に大きなくぼみを作る。くぼみ部分に水の半量、ルヴァンリキッド、生イースト、塩を入れ、ざっと混ぜる。残りの水と、水気を切った海藻を加え、全体がなじむまでよく混ぜる。生地にコシが出てなめらかになり、手や台につかなくなるまでしっかりこねる。

3 生地をひとまとめにし、濡れ布きんをかぶせて30分発酵させる。

4 打ち粉をした作業台に生地を取り出し、手のひらで軽く押さえて厚さ2cmくらいの平らな生地にする。スケッパーで1辺6cmの正方形に切り分ける（1個50〜60gに17分割する）。

5 オーブンペーパーを敷いた天板の上に生地を並べ、濡れ布きんをかぶせて2時間発酵させる。

6 オーブンの下段に別の天板を1枚差し込み、225℃に予熱しておく。生地の表面にカムット小麦（分量外）をふるい、十字か斜め、または葉の模様のクープを入れる。オーブンが温まったら庫内の天板に水50cc（分量外）を注ぎ、すぐに生地をのせた天板を入れて14分焼く。

7 オーブンからパンを取り出し、網などに移して粗熱を取る。

memo できれば風味のよいオーガニックの素材を用意してカムット小麦本来の味わいを楽しんでください。

ヘーゼルナッツと
チョコレートのプチ・パン

Le petit pain
aux noisettes et au chocolat

⏰ **時間** ⏰

ヘーゼルナッツの焙煎	10分
ミキシング	14分
一次発酵	1時間30分
（このあと15分休ませる）	
二次発酵	1時間15分
焼成	15分

材料
10個分（1個約120g）

ヘーゼルナッツ ——	90g（生地の重さの10%相当）
ビターチョコレート（板チョコを割っても可）	
——	90g（生地の重さの10%相当）
小麦粉（タイプ65）——	500g
水 ——	250g
ルヴァンリキッド ——	100g
生イースト ——	7g
塩 ——	10g
脱脂粉乳 ——	25g
砂糖 ——	35g
室温に戻したバター ——	75g
溶き卵 ——	1個分（仕上げ用）

作り方

1 ヘーゼルナッツは砕き（写真1）、オーブン対応のバットに広げる。200〜250℃に予熱したオーブンで10分ほど色づいて香ばしい香りがするまでローストし（写真2）、そのまま冷ます。チョコレートは割って、ヘーゼルナッツと合わせておく（写真3&4）。

2 生地をこねる。

卓上ミキサーの場合: ミキサーのボウルに小麦粉、水、ルヴァンリキッド、生イースト、塩、脱脂粉乳、砂糖を入れ、まずは低速で4分回したあと、高速で10分回してミキシングする。ミキシング終了の約3分前にバターを加える（写真5）。こね上がったら、いったんミキサーを止め **1** を加えて再び混ぜる（写真6）。

手ごねの場合: 作業台（またはボウル）に小麦粉を盛り、真ん中に大きなくぼみを作る。くぼみ部分に水の半量、ルヴァンリキッド、生イースト、塩、脱脂粉乳、砂糖を入れ、ざっと混ぜる。残りの水を加え、全体がなじむまで混ぜる。さらにバターを加えてよく混ぜ合わせる。生地にコシが出てなめらかになり、手や台につかなくなるまでしっかりこねる。こね上がったら **1** を加えて混ぜ込む。

3 生地をひとまとめにし、打ち粉をした作業台の上にのせる（写真7）。濡れ布きんをかぶせて1時間30分発酵させる。

4 生地を1個約120gに10分割し（写真8）、それぞれ丸形に丸める。濡れ布きんをかぶせて15分休ませる。

5 生地を手のひらで軽く押さえて平らにする。向こうから1/3を手前に折り、指で閉じ目を押さえる。生地を180°回転させ、今度は1/3より少し奥を手前に折り、閉じ目を押さえる。最後に手前に2つに折って、手のひらのつけ根で閉じ目を押さえてくっつける（写真9）。

6 生地に両手をあてて転がし（写真10）、15cmくらいの長さの棒状（バトン）にのばす。他の生地も同様に成形する。

7 コップに溶き卵を用意する（写真11）。オーブンペーパーを敷いた網（または天板）の上に、閉じ目を下にして生地を並べる。生地の表面に刷毛で溶き卵を塗る（写真12）。冷蔵庫に入れ、10分休ませる。

8 生地にもう1度溶き卵を塗り、ソーシソンのクープを入れる（写真13）。濡れ布きんをかぶせて1時間15分発酵させる。

9 オーブンの下段に天板を1枚差し込み、200℃に予熱しておく。オーブンが温まったら庫内の天板に水50cc（分量外）を注ぎ、すぐに生地をのせた網を入れて15分焼く。

10 オーブンからパンを取り出し、網などに移して粗熱を取る。

Le petit pain
énergétique
aux raisins et aux noix

時間

ミキシング	8分
一次発酵	1時間
（このあと15分休ませる）	
二次発酵	1時間30分
焼成	15〜18分

材料
6個分（1個約190g）

くるみ	100g
コリントレーズン	100g
小麦粉（タイプ65）	250g
ライ麦全粒粉（タイプ80）	250g
水	350g
ルヴァンリキッド	100g
生イースト	3g
塩	10g

作り方

1. くるみは半分に切り（写真1）、レーズンと合わせておく。

2. 生地をこねる。

   卓上ミキサーの場合：ミキサーのボウルに2種の粉、水、ルヴァンリキッド、生イースト、塩を入れ、まずは低速で6分回したあと、高速で2分回してミキシングする。こね上がったらミキサーをいったん止め、1 を加えて再び混ぜる。

   手ごねの場合：作業台（またはボウル）に2種の粉を盛り、真ん中に大きなくぼみを作る。くぼみ部分に水の半量、ルヴァンリキッド、生イースト、塩を入れ、ざっと混ぜる。残りの水を加え、全体がなじむまでよく混ぜる。生地にコシが出てなめらかになり、手や台につかなくなるまでしっかりこねる。こね上がったら 1 を加えて混ぜ込む（写真2&3）。

3. 生地をひとまとめにし（写真4）、濡れ布きんをかぶせて1時間発酵させる。

4. 打ち粉をした作業台の上で、生地を1個約190gに6分割して丸形に丸める。濡れ布きんをかぶせて15分休ませる。

5. 生地に両手をあてて転がし、長さ15cmの小さなバゲット形する（写真5、6、7）。オーブンペーパーを敷いた天板の上に、閉じ目を下にして生地を並べる（写真8）。濡れ布きんをかぶせて1時間30分発酵させる。

6. オーブンの下段に別の天板を1枚差し込み、230℃に予熱しておく。オーブンが温まったら庫内の天板に水50cc（分量外）を注ぎ、すぐに生地をのせた天板を入れて15〜18分焼く。

7. オーブンからパンを取り出し、網などに移して粗熱を取る。

グリッシーニ

Le gressin

⏱⏱ **時間** ⏱⏱

ミキシング	10分
一次発酵	1時間
二次発酵	45分
焼成	9分

材料

16本分（1本約50g）

小麦粉（タイプ65） ——	500g
水 ——	225g
ルヴァンリキッド ——	50g
生イースト ——	10g
塩 ——	10g
オリーブオイル ——	75g

作り方

1. **卓上ミキサーの場合：**ミキサーのボウルに小麦粉、水、ルヴァンリキッド、生イースト、塩を入れ、まずは低速で4分回したあと、高速で6分回してミキシングする。ミキシング終了の約2分前に、オリーブオイルを加える。

   手ごねの場合：作業台（またはボウル）に小麦粉を盛り、真ん中に大きなくぼみを作る。くぼみ部分に水の半量、ルヴァンリキッド、生イースト、塩を入れ、ざっと混ぜる。残りの水とオリーブオイルを加え、全体がなじむまでよく混ぜる。生地にコシが出てなめらかになり、手や台につかなくなるまでしっかりこねる。

2. 生地をひとまとめにし、濡れ布きんをかぶせて1時間発酵させる。途中で1度パンチを入れる（生地を2つに折る）。

3. 打ち粉をした作業台の上に生地をのせる。生地を両手でていねいに押し広げ、長さ40cm、厚さ1cmの平らな生地にのばす（写真1＆2）。ナイフで4辺を切りそろえ（写真3）、横半分に切る（長さ20cmの生地が2枚とれる）。

4. それぞれの生地を、端から幅1〜2cmの帯状に切り分ける（写真4）。

5. 4で切り分けた生地の半分は、両端を1cm残してスケッパーで中央に切り込みを入れ（写真5）、切り込みの両端に指をかけてねじる（写真6）。これに両手をあてて転がし、長さ30cmくらいまでのばす。残り半分の生地は切り込みを入れず、ただ転がしてのばす。

6. オーブンペーパーを敷いた天板の上に生地を並べ（写真7）、45分発酵させる。

7. オーブンの下段に別の天板を1枚差し込み、230℃に予熱しておく。オーブンが温まったら庫内の天板に水50cc（分量外）を注ぎ、すぐに生地をのせた天板を入れて9分焼く。

8. オーブンからグリッシーニを取り出し、網などに移して粗熱を取る。

グリッシーニのバリエーションは無限に広がります。生地に刻んだオリーブやドライトマトを加えたり、ローズマリーやタイムなどのハーブ、スパイスなどを混ぜ込んでも。

イカ墨を混ぜ込めば、黒のシックなグリッシーニに。こうしたアレンジを加える場合は、いったん生地がこね上がってから材料を加えて混ぜ込みます。

ごまやけしの実を加えて作る場合は、生地をグリッシーニ形に成形した後、ごまやけしの実を入れたバットの中で転がしてまぶします。

フランス各地のパン

Les pains
régionaux

ジュラ地方のパン

タバティエール

La tabatière
(Jura)

🕐🕐 時間 🕐🕐

ミキシング	16分
オートリーズ	1時間
一次発酵	45分
（このあと30分休ませる）	
二次発酵	1時間30分
焼成	20分

材料

3個分（1個約300g）

小麦粉（タイプ65） ——	500g
水 ——————————	325g
ルヴァンリキッド ———	100g
生イースト —————	4g
塩 —————————	10g
ライ麦粉 —————	適量（打ち粉用）

作り方

1. 生地をこねる。

   卓上ミキサーの場合： ミキサーのボウルに小麦粉と水を入れ、低速で5分回して混ぜる。ボウルをミキサーから外し、濡れ布きんをかぶせて1時間休ませる。ルヴァンリキッド、生イースト、塩を加え、まずは低速で4分回したあと、高速で7分回してミキシングする。

   手ごねの場合： 作業台（またはボウル）に小麦粉を盛り、真ん中に大きなくぼみを作る。くぼみ部分に水の2/3量を注ぎ、全体がなじむまでよく混ぜる。濡れ布きんをかぶせて1時間休ませる。残りの水、ルヴァンリキッド、生イースト、塩を加え、よく混ぜ合わせる。生地にコシが出てなめらかになり、手や台につかなくなるまでしっかりこねる。

2. 生地をひとまとめにし、濡れ布きんをかぶせて45分発酵させる。

3. 打ち粉をした作業台の上で、生地を1個約300gに3分割する。必要以上に生地に触れずに、それぞれ丸形に丸める。濡れ布きんをかぶせて30分休ませる。

4. 生地を裏返して閉じ目が上になるようにし、周囲から中心に向かって折りたたみ、指で閉じ目を押さえる。生地を再び裏返し、生地をはさむように両手をあて、下部を締めつけながら回転させて均一に丸める。

5. 生地の表面に粉をふる（写真1）。向こうの1/3より少し奥にめん棒を強く押し込み（写真2）、15cmくらいの長さの舌状に薄くのばす（写真3）。のばした部分にライ麦粉をふり、手前に折り返してふくらみ部分にかぶせる（写真4）。

   memo ライ麦粉をふることで、発酵時にふくらみ部分の生地とくっついてしまうのを防ぐことができます。

6. しっかり打ち粉をしたキャンバス地の上に布どりし、生地を並べる（かぶせた生地が下にくるようにする［写真5］）。濡れ布きんをかぶせて1時間30分発酵させる。

7. オーブンの下段に天板を1枚差し込み、230℃に予熱しておく。油をひくかオーブンペーパーを敷いた天板の上に、生地を裏返しのせ（写真6）、表面に葉の模様のクープを入れる（写真7）。

8. オーブンが温まったら庫内の天板に水50cc（分量外）を注ぎ、すぐに生地をのせた天板を入れて約20分焼く。

9. オーブンからパンを取り出し、網などに移して粗熱を取る。

ベリー地方のパン

パン・フォンデュ

Le pain fendu (Berry)

🕐🕑 時 間 🕒🕓

ミキシング	16分
オートリーズ	1時間
一次発酵	1時間
（このあと30分＋20分休ませる）	
二次発酵	1時間20分
焼成	20分

材料

3個分（1個約300g）

小麦粉（タイプ65） ――	500g
水 ――	300g
ルヴァンリキッド ――	100g
生イースト ――	4g
塩 ――	10g
ライ麦粉 ――	適量（打ち粉用）

作り方

1　生地をこねる。

　　卓上ミキサーの場合：ミキサーのボウルに小麦粉と水を入れ、低速で5分回して混ぜる。ボウルをミキサーから外し、濡れ布きんをかぶせて1時間休ませる。ルヴァンリキッド、生イースト、塩を加え、まずは低速で4分回したあと、高速で7分回してミキシングする。

　　手ごねの場合：作業台（またはボウル）に小麦粉を盛り、真ん中に大きなくぼみを作る。くぼみ部分に水の2/3量を注ぎ、全体がなじむまで混ぜる。濡れ布きんをかぶせて1時間休ませる。残りの水、ルヴァンリキッド、生イースト、塩を加え、よく混ぜ合わせる。生地にコシが出てなめらかになり、手や台につかなくなるまでしっかりこねる。

2　生地をひとまとめにし、濡れ布きんをかぶせて1時間発酵させる。

3　打ち粉をした作業台の上で、生地を1個約300gに3分割する。必要以上に生地を触りすぎずに、それぞれ丸形に丸める。濡れ布きんをかぶせて30分休ませる。

4　生地を手のひらで軽く押さえて平らにする（写真1）。向こうから1/3を手前に折り、手のひらのつけ根で閉じ目を押さえる（写真2）。生地を180°回転させ（写真3）、今度は1/3より少し奥を手前に折り、閉じ目を押さえる。最後に手前に2つに折って、手のひらのつけ根で閉じ目を押さえてくっつける（写真4）。

5 生地に両手をあてて転がし、バタール形にする。他の生地も同様にして成形する。濡れ布きんをかぶせて20分休ませる。

6 生地の表面にライ麦粉をふるう。めん棒を生地の中央に強く押し込み（写真5）、両側からめん棒で押して生地を寄せる（写真6）。

7 打ち粉をしたキャンバス地の上に布どりし、切れ目を下にして生地を並べる。濡れ布きんをかぶせて1時間20分発酵させる。

8 オーブンの下段に天板を1枚差し込み、230℃に予熱しておく。オーブンペーパーを敷いた別の天板の上に生地を裏返してのせる。オーブンが温まったら庫内の天板に水50cc（分量外）を注ぎ、すぐに生地をのせた天板を入れて20分焼く。

9 オーブンからパンを取り出し、網などに移して粗熱を取る。

アルデッシュ県のパン

マルグリット

La marguerite
(Ardèche)

⏱ **時間** ⏱

ミキシング　　11分

一次発酵　1時間
（このあと15分休ませる）

二次発酵　1時間30分

焼成　　　25分

材料
2個分（1個約455g）

ライ麦粉 ———————— 50g

小麦粉（タイプ65）—— 450g

水 ———————————— 320g

ルヴァンリキッド ——— 100g

生イースト ——————— 4g

塩 ———————————— 10g

作り方

1. 生地をこねる。

   卓上ミキサーの場合：ミキサーのボウルに2種の粉、水、ルヴァンリキッド、生イースト、塩を入れ、まずは低速で4分回したあと、高速で7分回してミキシングする。

   手ごねの場合：作業台（またはボウル）に2種の粉を盛り、真ん中に大きなくぼみを作る。くぼみ部分に水の半量、ルヴァンリキッド、生イースト、塩を入れ、ざっと混ぜる。残りの水を加え、全体がなじむまでよく混ぜる。生地にコシが出てなめらかになり、手や台につかなくなるまでしっかりこねる。

2. 生地をひとまとめにし、濡れ布きんをかぶせて1時間発酵させる。途中で1度パンチを入れる（生地を2つに折る）。

3. 打ち粉をした作業台の上で、生地を1個約65gに14分割する。手のひらでやさしく転がし、それぞれ丸形に丸める（写真1）。濡れ布きんをかぶせて15分休ませる。

4. 生地を手のひらで転がして丸めなおす。オーブンペーパーを敷いた天板2枚を用意し、それぞれの天板に生地をヒナギク（マルグリット）状に並べる。まずは閉じ目を下にして生地1個を中央に置き、その周りに6個並べる（写真2）。

   memo　生地どうしが触れる部分を湿らせてから並べれば、生地の密着度が強まります（任意）。

5. 生地の表面に粉をふるい（写真3）、濡れ布きんをかぶせて1時間30分発酵させる。

6. オーブンの下段に別の天板を1枚差し込み、230℃に予熱しておく。オーブンが温まったら庫内の天板に水50cc（分量外）を注ぎ、すぐに生地をのせた天板を入れて10分焼き、温度を210℃に下げてさらに15分焼く。

7. オーブンからパンを取り出し（写真4）、網などに移して粗熱を取る。

トゥールーズのパン
ポルトマントー

Le portemanteau
(Toulouse)

⏰ **時 間** ⏰

ミキシング	15分
オートリーズ	1時間
一次発酵	1時間30分
（このあと30分休ませる）	
二次発酵	1時間40分
焼成	20分

材 料
3個分（1個約300g）

小麦粉（タイプ65）——	500g
水 ——————	325g
ルヴァンリキッド ——	100g
生イースト ————	3g
塩 ——————	10g

作り方

1　生地をこねる。

　　卓上ミキサーの場合：ミキサーのボウルに小麦粉と水を入れ、低速で4分回して混ぜる。ボウルをミキサーから外し、濡れ布きんをかぶせて1時間休ませる。ルヴァンリキッド、生イースト、塩を加え、まずは低速で4分回したあと、高速で7分回してミキシングする。

　　手ごねの場合：作業台（またはボウル）に小麦粉を盛り、真ん中に大きなくぼみを作る。くぼみ部分に水の2/3量を注ぎ、全体がなじむまで混ぜる。濡れ布きんをかぶせて1時間休ませる。残りの水、ルヴァンリキッド、生イースト、塩を加え、よく混ぜ合わせる。生地にコシが出てなめらかになり、手や台につかなくなるまでしっかりこねる。

2　生地をひとまとめにし、濡れ布きんをかぶせて1時間30分発酵させる。

3　打ち粉をした作業台の上で、生地を1個約300gに3分割してラグビーボール形に丸める。濡れ布きんをかぶせて30分休ませる。

4　生地を手のひらで軽く押さえて平らにする。生地を横長に向け、向こうから1/3を手前に折り、指で閉じ目を押さえる。生地を180°回転させ、今度は1/3より少し奥を手前に折り、閉じ目を押さえる。最後に手前に2つに折って、手のひらのつけ根で閉じ目を押さえてくっつける。

5　生地に両手をあてて転がし、長さ55cmのバゲット形にのばす。他の生地も同様に成形する。

6　生地の両側の1/3を平らにする。それぞれ内側から外側に向かって押さえ、平らにしていく（写真1）。平らにした部分を内側に向けて巻き、真ん中の残した部分までで巻き終わる（写真2&3）。一方を巻き終えたら、反対側も同様に巻く（写真4）。

　　memo　一方を少し多めに巻けば、より外套掛け（ポルトマントー）らしくなります。

7　オーブンペーパーを敷いた天板の上に、生地を裏返してのせる（写真5&6）。濡れ布きんをかぶせて1時間40分発酵させる（写真7）。

8　オーブンの下段に別の天板を1枚差し込み、230℃に予熱しておく。発酵が完了した生地を裏返す（写真8）。オーブンが温まったら庫内の天板に水50cc（分量外）を注ぎ、すぐに生地をのせた天板を入れて20分焼く。

9　オーブンからパンを取り出し、網などに移して粗熱を取る。

ジェール県のパン
トルデュ

Le pain tordu (Gers)

🕐🕐 時間 🕐🕐

ミキシング　　　10分
一次発酵　　　1時間30分
（このあと30分＋20分休ませる）
二次発酵　　　1時間30分
焼成　　　　　20分

材料
3本分（1本約300g）

小麦粉（タイプ65）—— 500g
水 ———————————— 310g
ルヴァンリキッド ——— 100g
生イースト —————— 4g
塩 ———————————— 10g

作り方

1　生地をこねる。

　卓上ミキサーでこねる場合：ミキサーのボウルに小麦粉、水、ルヴァンリキッド、生イースト、塩を入れ、まずは低速で4分回したあと、高速で6分回してミキシングする。

　手ごねの場合：作業台（またはボウル）に小麦粉を盛り、真ん中に大きなくぼみを作る。くぼみ部分に水の半量、ルヴァンリキッド、生イースト、塩を入れ、ざっと混ぜる。残りの水を加え、全体がなじむまでよく混ぜる。生地にコシが出てなめらかになり、手や台につかなくなるまでしっかりこねる。

2　生地をひとまとめにし、濡れ布きんをかぶせて1時間30分発酵させる。

3　打ち粉をした作業台の上で、生地を1個約300gに3分割してラグビーボール形に丸める。濡れ布きんをかぶせて30分休ませる。

4　生地を手のひらで軽く押さえて平らにする。向こうから1/3を手前に折り、指で閉じ目を押さえる。生地を180°回転させ、今度は1/3より少し奥を手前に折り、閉じ目を押さえる。最後に手前に2つに折って、手のひらのつけ根で閉じ目を押さえてくっつける。

5　生地に両手をあてて転がし、40cmの長さにのばす。他の生地も同様にして成形し、濡れ布きんをかぶせて20分休ませる。

6　生地の表面に粉をふる。生地を
　　横長に向け、めん棒を中央に強
　　く押し込み（写真1）、手前と奥の
　　縁が触れるかどうかの近さに近づ
　　ける（写真2）。生地の両端をつ
　　かんでねじる（片手は固定した状
　　態で、反対の手で3回ねじる）。

　　memo　1回ねじるごとに生地を
　　休ませることで、きれいなねじれ
　　がでます（写真3、4、5）。

7　オーブンペーパーを敷いた天板
　　の上に生地を並べ、濡れ布きん
　　をかぶせて1時間30分発酵させ
　　る。

8　オーブンの下段に別の天板を1枚
　　差し込み、230℃に予熱してお
　　く。オーブンが温まったら庫内の
　　天板に水50cc（分量外）を注ぎ、
　　すぐに生地をのせた天板を入れ
　　て20分焼く。

9　オーブンからパンを取り出し、網
　　などに移して粗熱を取る。

ソーヌ＝エ＝ロワール県のパン

ヴィヴァレ

Le vivarais

⏱ 時間 ⏱

ミキシング	11分
一次発酵	1時間30分
（このあと45分休ませる）	
二次発酵	1時間30分
焼成	25分

材料
2個分（1個約425g）

ライ麦粉	50g
小麦粉（タイプ65）	450g
水	320g
ルヴァンリキッド	100g
生イースト	4g
塩	10g
ライ麦粉	適量（打ち粉用）

作り方

1 生地をこねる。

　卓上ミキサーでこねる場合：ミキサーのボウルに2種の粉、水、ルヴァンリキッド、生イースト、塩を入れ、まずは低速で4分回したあと、高速で7分回してミキシングする。

　手ごねの場合：作業台（またはボウル）に2種の粉を盛り、真ん中に大きなくぼみを作る。くぼみ部分に水の半量、ルヴァンリキッド、生イースト、塩を入れ、ざっと混ぜる。残りの水を加え、全体がなじむまでよく混ぜる。生地にコシが出てなめらかになり、手や台につかなくなるまでしっかりこねる。

2 生地をひとまとめにし、濡れ布きんをかぶせて1時間30分発酵させる。途中で1度パンチを入れる（生地を2つに折る）。

3 打ち粉をした作業台の上で、生地を1個約425gに2分割する。必要以上に生地を触りすぎずに、それぞれ丸形に丸める。濡れ布きんをかぶせて45分休ませる。

4 生地を手のひらで軽く押さえて平らにする。向こうから1/3を手前に折り、指で閉じ目を押さえる。生地を180°回転させ、今度は1/3より少し奥を手前に折り、閉じ目を押さえる。最後に手前に2つに折って、手のひらのつけ根で閉じ目を押さえてくっつける。残りの生地も同様にして成形する。

5 生地を再び手で押さえて平らにする。表面にライ麦粉をふるい、スケッパーで8本斜め格子のクープを入れる（一方から4本、もう一方から4本。生地を貫通しない程度に、かなり深めに入れる）。

6 打ち粉をしたキャンバス地の上に布どりして、生地を裏返してのせる。濡れ布きんをかぶせて1時間30分発酵させる。

7 オーブンの下段に天板を1枚差し込み、230℃に予熱しておく。オーブンペーパーを敷いた別の天板の上に、生地を裏返してのせる。オーブンが温まったら庫内の天板に水50cc（分量外）を注ぎ、すぐに生地をのせた天板を入れて10分焼き、温度を210℃に下げてさらに15分焼く。

8 オーブンからパンを取り出し、網などに移して粗熱を取る。

リヨンのパン

クーロンヌ

La couronne
(Lyon)

⏱⏱ **時 間** ⏱⏱

ミキシング	11分
一次発酵	1時間
(このあと45分休ませる)	
二次発酵	1時間30分
焼成	25分

材料
1個分（約930g）

ライ麦粉	50g
	＋適量(打ち粉用)
小麦粉(タイプ65)	450g
水	320g
ルヴァンリキッド	100g
生イースト	4g
塩	10g

作り方

1 生地をこねる。

> **卓上ミキサーでこねる場合：**ミキサーのボウルに2種の粉、水、ルヴァンリキッド、生イースト、塩を入れ、まずは低速で4分回したあと、高速で7分回してミキシングする。

> **手ごねの場合：**作業台（またはボウル）に2種の粉を盛り、真ん中に大きなくぼみを作る。くぼみ部分に水の半量、ルヴァンリキッド、生イースト、塩を入れ、ざっと混ぜる。残りの水を加え、全体がなじむまでよく混ぜる。生地にコシが出てなめらかになり、手や台につかなくなるまでしっかりこねる。

2 生地をひとまとめにし、濡れ布きんをかぶせて1時間発酵させる。途中で1度パンチを入れる（生地を2つに折る）。

3 打ち粉をした作業台の上で、生地を1個約155gに6分割し、手のひらで転がして丸形に丸める（写真1）。濡れ布きんをかぶせて45分休ませる。

4 生地をはさむように両手をあて、下部を締めつけながら回転させて均一に丸める。

5 生地の表面に粉をふる。向こう側の1/3より少し奥にめん棒を強く押し込み、8cmくらいの長さの舌状に薄くのばす（写真2）。のばした部分にライ麦粉をふり（写真3）、手前に折り返してふくらみ部分にかぶせる（写真4）。残りの生地も同様にする。

6 クーロンヌ型のバヌトン（発酵カゴ）に粉をふり、かぶせた面が下になるようにして生地を入れる（写真5）。バヌトンに濡れ布きんをかぶせて1時間30分発酵させる。

> *memo* 発酵完了時には生地どうしがしっかりくっつき、王冠（クーロンヌ）のようになっています。

7 オーブンの下段に天板を1枚差し込み、230℃に予熱しておく。オーブンペーパーを敷いた別の天板の上に、バヌトンをそっと返して生地をのせる。オーブンが温まったら庫内の天板に水50cc（分量外）を注ぎ、すぐに生地をのせた天板を入れて10分焼き、温度を210℃に下げてさらに15分焼く。

8 オーブンからパンを取り出し、網などに移して粗熱を取る。

エクス＝アン＝プロヴァンスのパン

パン・デクス

Le pain d'Aix

作り方

1. 生地をこねる。

   卓上ミキサーでこねる場合：ミキサーのボウルに2種の粉、水、ルヴァンリキッド、生イースト、塩を入れ、まずは低速で4分回したあと、高速で7分回してミキシングする。

   手ごねの場合：作業台（またはボウル）に2種の粉を盛り、真ん中に大きなくぼみを作る。くぼみ部分に水の半量、ルヴァンリキッド、生イースト、塩を入れ、ざっと混ぜる。残りの水を加え、全体がなじむまでよく混ぜる。生地にコシが出てなめらかになり、手や台につかなくなるまでしっかりこねる。

2. 生地をひとまとめにし、濡れ布きんをかぶせて2時間発酵させる。途中で1度パンチを入れる（生地を2つに折る）。

3. 打ち粉をした作業台の上で、生地を1個約450gに2分割して丸形に丸める。濡れ布きんをかぶせて15分休ませる。

4. 生地を裏返して閉じ目を上にし、周囲から中心に向かって折り、指で閉じ目を軽く押さえる。再び生地を裏返し、生地をはさむように両手をあて、下部を締めつけながら回転させて均一に丸める。濡れ布きんをかぶせて20分休ませる。

5. 生地の表面に粉をふる。向こう側の1/3より少し奥にめん棒を強く押し込み、15cmくらいの長さの舌状に薄くのばす。のばした部分にライ麦粉をふり、手前に折り返してふくらみ部分にかぶせる。残りの生地も同様にする。

6. しっかり打ち粉をしたキャンバス地の上に布どりして、生地をかぶせた面が下にくるようにして並べる。濡れ布きんをかぶせて1時間20分発酵させる。

7. オーブンの下段に天板を1枚差し込み、230℃に予熱しておく。オーブンペーパーを敷いた別の天板の上に生地を裏返してのせ、中心を縁から5〜6cmスケッパーで切る（2枚の羽状になる）。

8. 生地の表面に粉をふり、好みのクープを入れる。オーブンが温まったら庫内の天板に水50cc（分量外）を注ぎ、すぐに生地をのせた天板を入れて25分焼く。

9. オーブンからパンを取り出し、網などに移して粗熱を取る。

⏱ **時間** ⏱

ミキシング	11分
一次発酵	2時間

（このあと15分＋20分休ませる）

二次発酵	1時間20分
焼成	25分

材料

2個分（1個約450g）

ライ麦粉	50g
	＋適量（打ち粉用）
小麦粉（タイプ65）	450g
水	300g
ルヴァンリキッド	100g
生イースト	4g
塩	10g

Les pains
du monde

世界のパン

イタリアのパン

ローズマリーのフォカッチャ

La focaccia
au romarin (Italie)

⏱ 時 間

ローズマリーを浸す時間	12時間
ミキシング	15分
一次発酵	2時間
二次発酵	1時間30分
焼成	15〜20分

材料
1枚分（約940g）

ローズマリー（生）	4〜5枝
オリーブオイル	30g
	＋適量（トッピング用）
小麦粉（タイプ65）	500g
水	330g
ルヴァンリキッド	100g
生イースト	7g
セルファン（精製塩）	10g
グロセル（粗塩）	ひとつまみ

作り方

1 前日にローズマリーは枝から葉を摘み、オリーブオイルと合わせ（写真1）、室温で一晩浸けておく。

2 生地をこねる。

　卓上ミキサーでこねる場合：ミキサーのボウルに小麦粉、水、ルヴァンリキッド、生イースト、セルファンを入れ、まずは低速で5分回したあと、高速で10分回してミキシングする。ミキシング終了の約3分前に、**1**のローズマリーをオリーブオイルごと加える。

　手ごねの場合：作業台（またはボウル）に小麦粉を盛り、真ん中に大きなくぼみを作る。くぼみ部分に水の半量、ルヴァンリキッド、生イースト、セルファンを加え、ざっと混ぜる。残りの水を加え、全体がなじむまで混ぜる。さらに**1**のローズマリーをオリーブオイルごと加え、よく混ぜ合わせる。生地にコシが出てなめらかになり、手や台につかなくなるまでしっかりこねる。

3 生地をひとまとめにし、軽く湿らせた布きんをかぶせて2時間発酵させる。途中で1度パンチを入れる（生地を2つに折る）。

4 オーブンペーパーを敷いた天板の上に**3**の生地をのせ、天板いっぱいまで指で押して広げていく。濡れ布きんをかぶせて1時間30分発酵させる。

5 オーブンの下段に別の天板を1枚差し込み、230℃に予熱しておく。生地の表面全体に指でくぼみをつけ（写真2）、くぼみにオリーブオイルを少量垂らし（写真3）、グロセルを散らす。

6 オーブンが温まったら庫内の天板に水50cc（分量外）を注ぎ、すぐに生地をのせた天板を入れて15〜20分焼く。

7 オーブンからフォカッチャを取り出し、網などに移して粗熱を取る。

レユニオン島のパン
マカティア

Le pain
macatia (La Réunion)

◔◑ **時間** ◑◕

ミキシング	10分
一次発酵	2時間
（このあと30分休ませる）	
二次発酵	2時間
焼成	12〜13分

材料
2個分（1個約490g）

小麦粉（タイプ65）——	500g
水 ——	250g
ルヴァンリキッド ——	100g
生イースト ——	10g
塩 ——	10g
赤砂糖 ——	125g
バニラエクストラクト —	10g
（またはバニラの種 ［バニラビーンズ1本分］）	
ピーナッツオイル（落花生油）	
——	適量
	（作業台に塗る分）

作り方

1 生地をこねる。

　卓上ミキサーでこねる場合：ミキサーのボウルに小麦粉、水、ルヴァンリキッド（写真1）、生イースト、塩、赤砂糖を入れ、高速で10分回してミキシングする。ミキシング終了の約2分前に、バニラエクストラクトを加えて混ぜる。

　手ごねの場合：作業台（またはボウル）に小麦粉を盛り、真ん中に大きなくぼみを作る。くぼみ部分に水の半量、ルヴァンリキッド、生イースト、塩、赤砂糖を入れ、ざっと混ぜる。残りの水とバニラエクストラクトを加え、全体がなじむまでよく混ぜる。生地にコシが出てなめらかになり、手や台につかなくなるまでしっかりこねる。

2 生地をひとまとめにし、濡れ布きんをかぶせて2時間発酵させる。

3 打ち粉をした作業台の上で、生地を1個約490gに2分割する（写真2）。濡れ布きんをかぶせて30分休ませる。

4 作業台にピーナッツオイルを刷毛で塗り（写真3）、生地をのせる。生地をはさむように両手をあて、下部を締めつけながら回転させて均一に丸める（写真4＆5）。

　memo　台に油をひいてあるので、閉じ目は閉じてしまいません（写真6）。焼成によりこの閉じ目が開きます。

5 打ち粉をした作業台の上に生地を移し、濡れ布きんをかぶせて2時間発酵させる（写真7）。

6 オーブンの下段に天板を1枚差し込み、210℃に予熱しておく。オーブンペーパーを敷いた網（または天板）の上に、生地を裏返して閉じ目を上にしてのせる（写真8）。オーブンが温まったら庫内の天板に水50cc（分量外）を注ぎ、すぐに生地をのせた網を入れて12〜13分焼く。

7 オーブンからパンを取り出し、網などに移して粗熱を取る。

　memo　マカティアは、レユニオン島（フランスの海外県）生まれのパン。歴史学者によると、このパンの誕生は奴隷時代にさかのぼります。奴隷制度が1848年に廃止されるまで、この島にはアフリカから連れてこられた人たちが多く暮らしていました。"マカティア（macatia）" という名前は、スワヒリ語（アフリカ南部の言葉）でパンを意味する"mkatei"からきているのです。このパンの作り方は、友人でありレユニオンの偉大なパン職人、ノルベール・タクン（Norbert Tacoun）から学びました。

トルコのパン
エクメック

L'ekmek (Turquie)

作り方

1 生地をこねる。

卓上ミキサーでこねる場合：ミキサーのボウルに小麦粉、水、ルヴァンリキッド、生イースト、塩、はちみつを入れ、まずは低速で5分回したあと、高速で10分回してミキシングする。ミキシング終了の約3分前に、オリーブオイルを加える。

手ごねの場合：作業台（またはボウル）に小麦粉を盛り、真ん中に大きなくぼみを作る。くぼみ部分に水の半量、ルヴァンリキッド、生イースト、塩、はちみつを入れ、ざっと混ぜる。残りの水とオリーブオイルを加え、全体がなじむまでよく混ぜる。生地にコシが出てなめらかになり、手や台につかなくなるまでしっかりこねる。

2 生地をひとまとめにし、濡れ布きんをかぶせて1時間発酵させる。

3 打ち粉をした作業台の上で、生地を1個約310gに3分割する。生地を周囲から中心に向かって折りたたみ、閉じ目を軽く押さえる。

4 生地を裏返し、生地をはさむように両手をあて、下部を締めつけながら回転させて均一に丸める。他の生地も同様にする。閉じ目を下にした状態で、濡れ布きんをかぶせて15分休ませる。

5 生地を手のひらで軽く押さえて平らにし（写真1&2）、ガスを抜く。オーブンペーパーを敷いた天板の上に生地をのせ、濡れ布きんをかぶせて2時間発酵させる。

6 オーブンの下段に別の天板を1枚差し込み、230℃に予熱しておく。生地の表面にポルカ模様（ひし形格子）のクープを入れる（写真3）。

7 オーブンが温まったら庫内の天板に水50cc（分量外）を注ぎ、すぐに生地をのせた天板を入れて20分焼く。

8 オーブンからパンを取り出し、網などに移して粗熱を取る。

⏱ 時間 ⏱

ミキシング	15分
一次発酵	1時間
（このあと15分休ませる）	
二次発酵	2時間
焼成	20分

材料
3個分（1個約310g）

小麦粉（タイプ65）	500g
水	225g
ルヴァンリキッド	100g
生イースト	5g
塩	10g
はちみつ（液状）	75g
オリーブオイル	40g

バリエーション：
ドライラズベリーのエクメック

作り方

1 生地をこねる（上記参照）。

2 生地がいったんこね上がったら、ドライラズベリー190g（生地の重さの20%相当）を加える。

3 車輪模様のクープを入れて焼く（上記参照）。

バリエーション：
黒ごまのエクメック

作り方

1 生地をこねる（上記参照）。

2 生地をいったん平らにしたら、生地の表面全体にまんべんなくつく程度の黒ごまを作業台に広げる。

3 生地の表面に刷毛で水を塗るか霧吹きで水を吹きかけて湿らせ、ごまにあててまぶす。

4 オーブンペーパーを敷いた天板に生地をのせ、発酵させる（上記参照）。

5 十字のクープを入れて焼く（上記参照）。

ドイツのパン

プンパニッケル

Le pumpernickel
(Allemagne)

🕐🕐 **時間** 🕐🕐

ミキシング	8分
一次発酵	1時間
二次発酵	16〜20時間
焼成	6時間

材料

2個分（1個約615g）
［フタつき食パン型
（170×75×H75mm）2台分］

ライ麦全粒粉（タイプ170）
——————————— 300g
全粒粉（タイプ110またはタイプ150）
——————————— 150g
ブルグル（茹でたもの）— 50g
水（25℃）——————— 500g
ルヴァンリキッド ——— 120g
塩 ——————————— 10g
はちみつ（液状）——— 60g
スパイスミックス ——— 40g
バター ————— 適量（型に塗る分）

memo　ブルグルはデュラム小麦を全粒のまま蒸したあと、粗挽きにしたもの。スパイスミックスは、アニスシード、コリアンダーシード、フェンネルシード、キャラウェイシードなどを用意します。

作り方

1　生地をこねる。

　卓上ミキサーでこねる場合：ミキサーのボウルに2種の粉、ブルグル、水、ルヴァンリキッド、塩、はちみつを入れ、まずは低速で4分回したあと、高速で4分回してミキシングする。こね上がったら、スパイスミックスを加えて混ぜる（写真1）。生地はペースト状になる（写真2）。

　手ごねの場合：ボウルに2種の粉とブルグルを盛り、真ん中に大きなくぼみを作る。くぼみ部分に水の半量、ルヴァンリキッド、塩、はちみつを入れ、ざっと混ぜる。残りの水を加え、全体がなじむまで混ぜる。スパイスミックスを加えてよく混ぜ合わせる。生地がペースト状にになるまでこねる。

2　ボウルに濡れ布きんをかぶせ、1時間発酵させる（写真3）。

3　型にバターを塗る。生地を型の高さの2/3のところまで流し込み、表面をなめらかにならす（写真4）。型にフタをし（写真5）、16〜20時間発酵させる（発酵完了時には、ほぼ型の高さくらいまで生地がふくらんでいる）。

4　型ごと天板にのせ、110℃に予熱したオーブンで6時間焼く。

5　オーブンから取り出し、フタを外してパンを型から外し、網などに移して粗熱を取る。

and more　プンパニッケルはチョコレートのような色をしていますが、添加したものではありません。あくまでもライ麦粉と、焼成時間によるものです。また、長時間の発酵によって独特の風味が生まれます。

ポルトガルのパン
ブロア

La broa
(Portugal)

🕐🕐 時間 🕐🕐

ミキシング　　9分
一次発酵　　1時間
（このあと30分休ませる）
二次発酵　　1時間10分
焼成　　　　25分

材料
3個分（1個約320g）

コーンフラワー（とうもろこし粉）
――――――――――250g
小麦粉（タイプ65）――250g
水―――――――――330g
ルヴァンリキッド―――100g
生イースト―――――5g
塩――――――――10g
菜種油―――――――30g

作り方

1　生地をこねる。

　卓上ミキサーでこねる場合：ミキサーのボウルに2種の粉、水、ルヴァンリキッド、生イースト、塩を入れ、まずは低速で4分回したあと、高速で5分回してミキシングする。ミキシング終了の約2分前に菜種油を加える。

　手ごねの場合：作業台（またはボウル）に2種の粉を盛り、真ん中に大きなくぼみを作る。くぼみ部分に菜種油、水の半量、ルヴァンリキッド、生イースト、塩を入れ、ざっと混ぜる。残りの水を加え、全体がなじむまで混ぜる。生地にコシが出てなめらかになり、手や台につかなくなるまでしっかりこねる。

2　生地をひとまとめにし、濡れ布きんをかぶせて1時間発酵させる。

3　打ち粉をした作業台の上で、生地を1個約320gに3分割する。必要以上に生地を触りすぎずに、それぞれ丸形に丸める。濡れ布きんをかぶせて30分休ませる。

4　生地を裏返し、周囲から中心に向かって折りたたみ、閉じ目を軽く押さえる。再び生地を裏返し、生地をはさむように両手をあて、下部を締めつけながら回転させて均一に丸める。他の生地も同様に成形する。

5　バヌトン（発酵カゴ）の内側にまんべんなく粉をふり、閉じ目を下にして生地を入れる。濡れ布きんをかぶせて1時間10分発酵させる。

6　オーブンの下段に天板を1枚差し込み、210℃に予熱しておく。オーブンペーパーを敷いた天板の上に、ガスが抜けないようにバヌトンをそっと返し、閉じ目が上にくるようにして生地をのせる。

　memo　表面にクープは入れません。

7　オーブンが温まったら庫内の天板に水50cc（分量外）を注ぎ、すぐに生地をのせた天板を入れて25分焼く。

8　オーブンからパンを取り出し、網などに移して粗熱を取る。

　and more　ポルトガルのパンと言えばブロワ。フランスにおけるパン・ド・カンパーニュのようなものです。クラムは黄色で、クラストはパリッとしています。

カナダ＆アメリカ合衆国のパン

ベーグル

Le bagel
(Canada et États-Unis)

⏱⏱ **時 間** ⏱⏱

ミキシング	10分
一次発酵	1時間
（このあと15分休ませる）	
二次発酵	30分
ゆで時間	27分
焼成	15分

材料
9個分（1個約100g）

小麦粉（タイプ65）——	500g
水 ——————————	200g
ルヴァンリキッド ——	100g
生イースト —————	5g
塩 ——————————	10g
砂糖 —————————	20g
卵 ——————————	1個
溶き卵 ———————	1個分
室温に戻したバター —	25g
けしの実、白ごま ——	適量（トッピング用）

作り方

1　生地をこねる。

　　卓上ミキサーでこねる場合：ミキサーのボウルに小麦粉、水、ルヴァンリキッド、生イースト、塩、砂糖、卵を入れ、まずは低速で4分回したあと、高速で6分回してミキシングする（写真1）。ミキシング終了の約3分前にバターを加える。

　　手ごねの場合：作業台（またはボウル）に小麦粉を盛り、真ん中に大きなくぼみを作る。くぼみ部分に水の半量、ルヴァンリキッド、生イースト、塩、砂糖、卵を入れ、ざっと混ぜる。残りの水を加え、全体がなじむまで混ぜる。さらにバターを加えてよく混ぜ合わせる。生地にコシが出てなめらかになり、手や台につかなくなるまでしっかりこねる。

2　生地をひとまとめにし、濡れ布きんをかぶせて1時間発酵させる。

3　打ち粉をした作業台の上に、生地を取り出す（写真2）。生地を手のひらで軽く押さえて平らにし、ざっと巻く（写真3＆4）。スケッパーで1個約100gに9分割し（写真5）、濡れ布きんをかぶせて15分休ませる。

4　生地を手のひらで転がして均一に丸め（写真6＆7）、表面に粉をふる。

5　生地の中央に指で穴を開け（写真8）、左右から指を通してくるくる回し、少しずつ広げていく（写真9、10、11）。濡れ布きんをかぶせて30分発酵させる。

6　大きな片手鍋に水を入れ、火にかける。沸騰し始めたら、生地を穴杓子でひとつずつ入れる（写真12）。片面を1分30秒ゆで、生地を裏返してさらに1分30秒ゆでる（ゆでることで生地がふくらむ［写真13］）。ゆで上がった生地を取り出し、流しの上にセットしておいた網の上に移し、水気を切る。

7　大きなバットを2枚用意し、それぞれけしの実とごまを広げる。　6　の生地の表面に溶き卵を塗り、一部の生地にはけしの実かごまをまぶす。残りは、なにもまぶさないでおく。オーブンペーパーを敷いた天板の上に生地を並べる。

8　オーブンの下段に別の天板を1枚差し込み、200℃に予熱しておく。オーブンが温まったら庫内の天板に水50cc（分量外）を注ぎ、すぐに生地をのせた天板を入れて15分焼く。

9　オーブンからベーグルを取り出し、網などに移して粗熱を取る。

アメリカ合衆国のパン
バンズ

Le bun
(États-Unis)

🕐🕐 **時間** 🕐🕐

ミキシング　　15分
一次発酵　　1時間
（このあと15分休ませる）
二次発酵　　2時間
焼成　　　　14分

材料
10個分（1個約100g）
[ハンバーガーバンズ型
（直径120㎜）6個分]

小麦粉（タイプ65）—— 500g
水 —————————— 200g
ルヴァンリキッド ——— 100g
卵黄 ————————— 75g
生イースト —————— 16g
塩 —————————— 8g
脱脂粉乳 —————— 25g
砂糖 ————————— 35g
室温に戻したバター — 50g
ひまわり油 —————— 50g
　　　　　＋適量（生地に塗る分）
コウイカの墨 ———— 10g
白ごま —————— 適量（トッピング用）

作り方

1　生地をこねる。

　卓上ミキサーでこねる場合：ミキサーのボウルに小麦粉、水、ルヴァンリキッド、卵黄、生イースト、塩、脱脂粉乳、砂糖を入れ、まずは低速で5分回したあと、高速で10分回してミキシングする。ミキシング終了の約3分前に、バターとひまわり油を加える。こね上がったら、ミキサーをいったん止めてイカ墨を加え（写真1）、色が均一になるまでムラなく混ぜる（写真2）。

　手ごねの場合：作業台（またはボウル）に小麦粉を盛り、真ん中に大きなくぼみを作る。くぼみ部分に水の半量、ひまわり油、ルヴァンリキッド、卵黄、生イースト、塩、脱脂粉乳、砂糖を入れ、ざっと混ぜる。残りの水を加え、全体がなじむまで混ぜる。さらにバターとイカ墨を加えてよく混ぜ合わせる。生地にコシが出てなめらかになり、手や台につかなくなるまでしっかりこねる。

2　生地をひとまとめにし、濡れ布きんをかぶせて1時間発酵させる。

3　打ち粉をした作業台の上で、生地を1個約100gに10分割する。それぞれ手のひらで転がして丸形に丸め（写真3&4）、濡れ布きんをかぶせて15分休ませる。

4　バットにごまを広げておく。3の生地の表面に刷毛で油を塗り、この面をごまに押しつけてまぶし（写真5）、バンズ型に入れる（写真6。または直接、オーブンペーパーを敷いた天板の上に並べる）。濡れ布きんをかぶせて2時間発酵させる。

5　オーブンの下段に天板を1枚差し込み、170℃に予熱しておく。オーブンが温まったら庫内の天板に水50cc（分量外）を注ぎ、すぐに型をのせた天板を入れて14分焼く。

6　オーブンからパンを取り出し、網などに移して粗熱を取る。

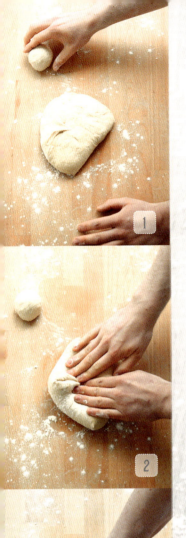

スイスのパン
パン・ヴォドワ

Le pain vaudois
(Suisse)

🕐🕑 時間 🕒🕓

ミキシング	11分
一次発酵	2時間
（このあと30分休ませる）	
二次発酵	1時間30分
焼成	25分

材料
2個分（1個約460g）

小麦粉（タイプ65）	450g
ライ麦粉	50g
水	320g
ルヴァンリキッド	100g
生イースト	5g
塩	10g

作り方

1. 生地をこねる。

   卓上ミキサーでこねる場合：ミキサーのボウルに2種の粉、水、ルヴァンリキッド、生イースト、塩を入れ、まずは低速で4分回したあと、高速で7分回してミキシングする。

   手ごねの場合：作業台（またはボウル）に2種の粉を盛り、真ん中に大きなくぼみを作る。くぼみ部分に水の半量、ルヴァンリキッド、生イースト、塩を入れ、ざっと混ぜる。残りの水を加え、全体がなじむまでよく混ぜる。生地にコシが出てなめらかになり、手や台に生地がつかなくなるまでしっかりこねる。

2. 生地をひとまとめにし、濡れ布きんをかぶせて2時間発酵させる。途中で1度パンチを入れる（生地を2つに折る）。

3. 打ち粉をした作業台の上で、生地を1個約460gに2分割して丸形に丸める。濡れ布きんをかぶせて30分休ませる。

4. それぞれの生地から1/5くらいずつスケッパーで切り出し、転がして丸める。成形の際までとっておく（この生地はパンの"頭"の部分になる［写真1］）。

5. 残りの生地を裏返し、周囲から中心に向かって折りたたみ、閉じ目を軽く押さえる（写真2＆3）。生地をそれぞれ巻き（写真4）、閉じ目が下にくるようにする。生地をはさむように両手をあて、下部を締めつけながら回転させて均一に丸める（写真5）。

6. 生地の表面に粉をふる。めん棒を生地の中央に強く押し込み（写真6）、生地を90°回転させて両側から押し、両縁を寄せる（写真7）。

7. 今度は、垂直な切れ目に対して水平にめん棒を押し込み（写真8）、手前と奥から押して両縁を寄せ、十字の切れ目を作る。この十字の中央に、4の生地を1個ずつのせて軽く押し込み（写真9）、周囲から軽く力を加えて締める（写真10）。濡れ布きんをかぶせて1時間30分発酵させる。

8. オーブンの下段に天板を1枚差し込み、230℃に予熱しておく。オーブンペーパーを敷いた別の天板の上に成形した生地をのせる。オーブンが温まったら庫内の天板に水50cc（分量外）を注ぎ、すぐに生地をのせた天板を入れて10分焼き、温度を210℃に下げてさらに15分焼く。

9. オーブンからパンを取り出し、網などに移して粗熱を取る。

Annexes

アネックス

Tableau des pains (pour les professionnels)

パンの配合表（プロ向け）

本書で紹介したパンのレシピは、家庭で作りやすい量をベースにしています。
ここではプロ向けに、粉1Kgを基本にした配合を紹介します。

	基本温度	焼成温度	発酵時間（一次発酵と二次発酵）／焼成時間	材料	1個あたりの生地の重さ	memo
トラディショナルなパン／基本のパン						
ブール	56℃	250℃	1時間30分＆1時間30分／24分	小麦粉（タイプ65）1kg、水660g、ルヴァンリキッド200g、イースト4g、塩20g	300g	
バタール	56℃	250℃	1時間30分＆1時間30分／20分	小麦粉（タイプ65）1kg、水650g、ルヴァンリキッド200g、イースト4g、塩20g	300g	
バゲット	58℃	250℃	オートリーズ1時間の後、1時間30分＆1時間20分／20分（湿度の高い時期は25分）	小麦粉（タイプ65）1kg、水650g、ルヴァンリキッド200g、イースト5g、塩20g	300g	バシナージュ（差し水）は、ミキシング終了の3分前に加える。
ポルカ	56℃	250℃	オートリーズ1時間の後、1時間30分＆1時間30分／25分	小麦粉（タイプ65）1kg、水650g、ルヴァンリキッド200g、イースト5g、塩20g	300g	バシナージュ（差し水）は、ミキシング終了の3分前に加える。
フィセル、エピ、トルセ（三つ編みパン）	58℃	250℃	オートリーズ1時間の後、1時間30分＆1時間20分／12分	小麦粉（タイプ65）1kg、水650g、ルヴァンリキッド200g、イースト5g、塩20g	150g	バシナージュ（差し水）は、ミキシング終了の3分前に加える。
ガッシュ	58℃	250℃	1時間30分＆1時間30分／18分	小麦粉（タイプ65）1kg、水650g、ルヴァンリキッド200g、イースト5g、塩20g	300g	
グロ・パン	58℃	250℃	オートリーズ1時間の後、1時間15分＆1時間40分／乾燥している時期40分、湿度の高い時期50分	小麦粉（タイプ65）1kg、水625g、ルヴァンリキッド200g、イースト5g、塩20g	1.3kg	
リュスティック	58℃	250℃	1時間30分＆1時間30分／25分	小麦粉（タイプ65）800g、そば粉200g、ロースト麦芽6g、水620g、ルヴァンリキッド200g、イースト4g、塩20g	300g	
スペシャルなパン／粉にこだわったパン						
ふすま入り石臼挽き全粒粉のパン		250℃	2時間＆2時間／25分	小麦粉（タイプ65）850g、ふすま入り石臼挽き全粒粉100g、ライ麦粉50g、水（28〜30℃）720g、ルヴァンリキッド200g、イースト2g、グロセル（粗塩）20g、レーズンシードオイル20g	300g	ふすま入り石臼挽き全粒粉のパンは多加水なので、色も形もとても美しく焼き上がる。
とうもろこしのパン	58℃	250℃	45分＆1時間30分／20分	小麦粉（タイプ65）500g、コーンフラワー500g、水620g、ルヴァンリキッド200g、イースト6g、塩20g	300g	コーンフラワー（とうもろこし粉）が入っているので、過発酵するとパンがしぼむ恐れがある。

	基本温度	焼成温度	発酵時間 （一次発酵と二次発酵）／ 焼成時間	材料	1個あたりの 生地の重さ	memo
雑穀パン	56℃	250℃	1時間30分＆2時間／20分	小麦粉（タイプ65）1kg、水600g、ルヴァンリキッド200g、イースト6g、塩20g、ローストした雑穀（亜麻の実、けしの実、ごま、キビ、キヌア）180g＋トッピング用	300g	
カムット小麦のパン	58℃	250℃	1時間＆2時間／25分	小麦粉（タイプ65）400g、カムット小麦600g、水620g、ルヴァンリキッド300g、イースト4g、塩20g（カムット小麦だけの場合：カムット小麦1kg、水650g、ルヴァンリキッド300g、塩20g）	300g	バルケット（舟形の型）に入れて焼成する。
パン・コンプレ（全粒粉のパン）	56℃	250℃	1時間＆1時間30分／25分	全粒粉（タイプ150）1kg、水720g、ルヴァンリキッド200g、イースト6g、塩20g	300g	できればオーガニックかCRC（合理農法）の粉を選ぶ。このパンは重くて密度の高いパンだが、軽くしたい場合は生地を多加水にする。
セモリナ粉のパン	56℃	250℃	2時間＆1時間30分／20分	小麦粉（タイプ65）400g、デュラムセモリナ粉（硬質小麦）600g、水650g、ルヴァンリキッド200g、イースト4g、塩20g	300g	セモリナ粉をふった布の上にのせ、発酵室で10℃で3時間30分発酵させる。
パン・ド・カンパーニュ（田舎パン）	56℃	260℃	5時間＆1時間30分／260℃で6分＋240℃で19分	小麦粉（タイプ65）900g、ライ麦粉100g、水680g、ルヴァンリキッド200g、イースト4g、塩20g	700g	
ふすまパン	56℃	240℃	45分＆1時間30分／25分	小麦粉（タイプ65）600g、ライ麦粉100g、小麦ふすま300g、水640g、ルヴァンリキッド200g、イースト6g、塩20g	300g	
セーグル（ライ麦パン）	60℃	250℃	1時間＆1時間30分／30分	小麦粉（タイプ65）300g、ライ麦全粒粉（タイプ130か170）700g、水720g、ルヴァンリキッド200g、イースト3g、塩20g	300g	どのタイプのライ麦粉を選ぶかが、仕上がりに影響する：タイプの数値が高いほど、粉の中に粒の外皮が多く含まれている。
メテイユ（混合麦のパン）	59℃	250℃	1時間30分＆1時間30分／30分	小麦粉（タイプ65）500g、ライ麦全粒粉（タイプ130か170）500g、水750g、ルヴァンリキッド200g、イースト3g、塩20g	300g	
グルテンフリーのとうもろこしのパン		200℃	25分	コーンフラワー1kg、牛乳660g、バター180g、塩20g、卵黄240g、卵白360g、イースト40g	100g	
グルテンフリーの栗粉のパン		250℃	25分＋オーブンを消した状態で10分	栗粉800g、大豆粉200g、水800g、塩20g、イースト10g	300g	

オーガニックのパン

	基本温度	焼成温度	発酵時間／焼成時間	材料	1個あたりの生地の重さ	memo
オーガニックのバゲット	58℃	250℃	オートリーズ1時間の後、1時間30分＆1時間30分／20分（湿度の高い時期は25分）	オーガニック小麦粉（タイプ65）1kg、水650g、ルヴァンリキッド200g、イースト5g、塩20g　（バリエーション：亜麻の実、ひまわりの種、キビ、ごまを生地にまぶす）	300g	バシナージュ（差し水）は、ミキシング終了の3分前に加える。

	基本温度	焼成温度	発酵時間 (一次発酵と二次発酵)／ 焼成時間	材料	1個あたりの生地の重さ	memo
オーガニックの石臼挽き小麦のレーズンパン	58℃	255℃	オートリーズ2時間の後、2時間30分＆2時間／1時間	オーガニックの石臼挽きの小麦粉1kg、水700g、ルヴァンリキッド510g、イースト5g、塩20g、コリントレーズン（生地の重さの15%）	2.520kg	
オーガニックの全粒粉のパン	58℃	250℃	2時間＆1時間30分／1時間	オーガニック全粒粉（タイプ80）1kg、水500g、ルヴァンリキッド200g、イースト2g、塩20g	1.780kg	
オーガニックのそば粉のパン	56℃	250℃	2時間＆1時間40分／25分	オーガニック小麦粉（タイプ65）600g、オーガニックのそば粉400g、ロースト麦芽（任意）6g、水600g＋バシナージュ（差水）20g、ルヴァンリキッド200g、イースト2g、塩20g	500g	
オーガニックのスペルト小麦のパン	56℃	250℃	1時間30分＆1時間30分／30分	オーガニック小麦粉（タイプ65）650g、オーガニックのスペルト小麦粉350g、水660g、ルヴァンリキッド300g、イースト2g、塩20g	400g	
オーガニックのヒトツブコムギのパン	59℃	250℃	1時間30分＆1時間30分／250℃で15分＋220℃で30分	オーガニックのヒトツブコムギ粉900g、オーガニック小麦粉（タイプ65）100g、水650g、ルヴァンリキッド200g、イースト2g、グロセル（粗塩／ゲランドの塩）20g	1.780kg	
オーガニックの全粒粉の角パン	58℃	250℃	1時間＆1時間30分／25分	オーガニック全粒粉（タイプ150）1kg、水720g、ルヴァンリキッド200g、イースト2g、グロセル（粗塩／ゲランドの塩）20g	300g	
オーガニックの石臼挽き全粒粉のトゥルト	56℃	255℃	オートリーズ2時間の後、2時間45分＆2時間／255℃で25分＋220℃で35分	オーガニック小麦粉（タイプ65）300g、オーガニックの石臼挽き小麦粉700g、水700g、ルヴァンリキッド510g、イースト2g、グロセル（粗塩／ゲランドの塩）20g	2.290kg	

チーズやワインに合うパン

	基本温度	焼成温度	発酵時間 (一次発酵と二次発酵)／ 焼成時間	材料	1個あたりの生地の重さ	memo
バター風味のヘーゼルナッツのパン	56℃	230℃	1時間＆1時間15分／20〜25分	小麦粉（タイプ65）500g、ファリーヌ・グリュオー500g（または小麦粉［タイプ65］1kg）、水600g、ルヴァンリキッド200g、イースト10g、塩20g、脱脂粉乳50g、砂糖70g、バター100g、ヘーゼルナッツ350g	300g	
ゴルゴンゾーラチーズとくるみのパン	56℃	250℃	1時間30分＆1時間30分／18分	小麦粉（タイプ65）500g、ファリーヌ・グリュオー500g（または小麦粉［タイプ65］1kg）、水650g、ルヴァンリキッド200g、イースト10g、塩20g、砕いたくるみ200g、ゴルゴンゾーラチーズ200g	300g	
抹茶とオレンジのパン	56℃	240℃	2時間＆1時間15分／20分	小麦粉（タイプ65）500g、ファリーヌ・グリュオー500g（または小麦粉［タイプ65］1kg）、水600g、ルヴァンリキッド200g、イースト4g、塩20g、オリーブオイル60g、抹茶パウダー20g、オレンジピール300g、オレンジフラワーウォーター50g	300g	

	基本温度	焼成温度	発酵時間 （一次発酵と二次発酵）／ 焼成時間	材料	1個あたりの生地の重さ	memo
オレンジのパン	56℃	250℃	2時間＆1時間／20分	小麦粉（タイプ65）500g、ファリーヌ・グリュオー500g（または小麦粉［タイプ65］1kg）、水620g、ルヴァンリキッド200g、イースト10g、塩20g、室温に戻したバター50g、オレンジフラワーウォーター50g、オレンジピール190g	300g	
いちじくのパン	56℃	250℃	1時間30分＆1時間30分／20分	小麦粉（タイプ65）500g、ファリーヌ・グリュオー500g（または小麦粉［タイプ65］1kg）、水650g、ルヴァンリキッド200g、イースト10g、塩20g、ドライいちじく400g	300g	
はちみつのパン	56℃	200℃	1時間30分＆1時間30分／20分	小麦粉（タイプ65）500g、ファリーヌ・グリュオー500g（または小麦粉［タイプ65］1kg）、水500g、ルヴァンリキッド200g、イースト6g、塩20g、はちみつ300g＋適量（仕上げ、くぼみ用）	300g	
バター風味のくるみパン	56℃	230℃	1時間30分＆1時間15分／17分	小麦粉（タイプ65）500g、ファリーヌ・グリュオー500g（または小麦粉［タイプ65］1kg）、水450g、ルヴァンリキッド200g、イースト10g、塩20g、脱脂粉乳50g、砂糖70g、室温に戻したバター150g、砕いたくるみ300g	300g	
キュルキュマ （ターメリック風味のパン）	56℃	230℃	1時間30分＆1時間／20～25分	小麦粉（タイプ65）500g、ファリーヌ・グリュオー500g（または小麦粉［タイプ65］1kg）、水600g、ルヴァンリキッド200g、イースト10g、塩20g、脱脂粉乳50g、砂糖70g、バター100g、ターメリック18g	300g	
12種のナッツ＆ドライフルーツのパン	56℃	240℃	1時間30分＆1時間30分／30分	小麦粉（タイプ65）500g、ファリーヌ・グリュオー500g（または小麦粉［タイプ65］1kg）、水650g、ルヴァンリキッド200g、イースト10g、塩20g、ドライフルーツ＆ナッツ（ヘーゼルナッツ、ピーカンナッツ、松の実、ピスタチオ、サルタナレーズン、コリントレーズン、アーモンド、カシューナッツ、ドライいちじく、ドライプルーン、ドライクランベリー、ドライアプリコット）生地の重さの30%	600g	
パン・オ・セサミ （ごまパン）	56℃	240℃	1時間30分＆1時間30分／18分	小麦粉（タイプ65）500g、ファリーヌ・グリュオー500g（または小麦粉［タイプ65］1kg）、水650g、ルヴァンリキッド200g、イースト10g、塩20g、ごま200g（ローストの後、吸水率70%で吸水させる）、ローストしていないごま200g	300g	
イカ墨パン	56℃	250℃	オートリーズ1時間の後、45分＆3時間／20分（湿度の高い時期は25分）	小麦粉（タイプ65）1kg、水650g、ルヴァンリキッド200g、イースト6g、塩20g、コウイカの墨20g	300g	バシナージュ（差し水）は、ミキシング終了の3分前に加える。

	基本温度	焼成温度	発酵時間（一次発酵と二次発酵）／焼成時間	材料	1個あたりの生地の重さ	memo
オリーブオイルのパン						
チャバタ・ナチュール（基本のチャバタ）	56℃	270℃	2時間＆1時間／270℃で6分＋250℃で9〜14分	小麦粉（タイプ65）500g、ファリーヌ・グリュオー500g（または小麦粉［タイプ65］1kg）、水680g、ルヴァンリキッド200g、イースト10g、塩20g、オリーブオイル60g＋適量（生地に塗る分）	300g	クラストが小麦の色をとどめるよう、焼きすぎないようにする。
ミックスシードのチャバタ	56℃	270℃	2時間＆1時間／270℃で6分＋250℃で9〜14分	小麦粉（タイプ65）500g、ファリーヌ・グリュオー500g（または小麦粉［タイプ65］1kg）、水680g、ルヴァンリキッド200g、イースト10g、塩20g、オリーブオイル60g＋適量（生地に塗る分）、ミックスシード（キビ、かぼちゃの種、ごま）180g（種1kgにつき200gの水に浸ける）。	350g	クラストが小麦の色をとどめるよう、焼きすぎないようにする。
そば粉のチャバタ	56℃	270℃	2時間＆1時間／270℃で6分＋250℃で9〜14分	小麦粉（タイプ65）900g、そば粉100g、水700g、ルヴァンリキッド200g、イースト6g、塩18g、オリーブオイル60g＋生地に塗る分	350g	クラストが小麦の色をとどめるよう、焼きすぎないようにする。
パンプキンシードのチャバタ	56℃	270℃	2時間＆1時間／270℃で6分＋250℃で9〜14分	小麦粉（タイプ65）500g、ファリーヌ・グリュオー500g（または小麦粉［タイプ65］1kg）、水680g、ルヴァンリキッド200g、イースト10g、塩20g、オリーブオイル60g、ひまわりの種200g（1kgにつき200gの水に浸す）、オリーブオイル適量（生地に塗る分）、ひまわりの種適量（トッピング用）	350g	クラストが小麦の色をとどめるよう、焼きすぎないようにする。
バジルのパン	56℃	265℃	2時間＆1時間／20〜25分	小麦粉（タイプ65）500g、ファリーヌ・グリュオー500g（または小麦粉［タイプ65］1kg）、水700g、ルヴァンリキッド200g、イースト6g、塩20g、オリーブオイル60g、バジル150g、オリーブオイル適量（生地に塗る分）	350g	このチャバタはアペリティフに最適。クラストが小麦の色をとどめるよう、焼きすぎないようにする。
ドライトマトのパン	56℃	265℃	2時間＆1時間／20〜25分	小麦粉（タイプ65）500g、ファリーヌ・グリュオー500g（または小麦粉［タイプ65］1kg）、水700g、ルヴァンリキッド200g、イースト6g、塩20g、オリーブオイル60g、ドライトマト300g、オリーブオイル適量（生地に塗る分）	350g	クラストが小麦の色をとどめるよう、焼きすぎないようにする。
シェーブルチーズのフーガス	56℃	250℃	2時間＆1時間／15〜20分	小麦粉（タイプ65）500g、ファリーヌ・グリュオー500g（または小麦粉［タイプ65］1kg）、水680g、ルヴァンリキッド200g、イースト10g、塩20g、オリーブオイル60g、クレーム・エペス200g、シェーブルチーズ（灰をまぶしたもの）400g、エメンタールチーズ、オリーブオイル適量（生地に塗る分）	350 g	

	基本温度	焼成温度	発酵時間 (一次発酵と二次発酵)／ 焼成時間	材料	1個あたりの 生地の重さ	memo
ブラック&グリーン オリーブの フーガス	56℃	265℃	2時間&1時間／20〜25分	小麦粉(タイプ65)500g、ファリーヌ・グリュオー500g(または小麦粉[タイプ65]1kg)、水700g、ルヴァンリキッド200g、イースト10g、塩20g、オリーブオイル60g、ブラックオリーブ&グリーンオリーブ(種を除いたもの)400g、エメンタールチーズ(おろしたもの)200g、オリーブオイル適量(生地に塗る分)	350 g	
ベーコンの フーガス	56℃	265℃	2時間&1時間／20〜25分	小麦粉(タイプ65)500g、ファリーヌ・グリュオー500g(または小麦粉[タイプ65]1kg)、水680g、ルヴァンリキッド200g、イースト10g、塩20g、オリーブオイル60g、生クリーム200g、エメンタールチーズ(おろしたもの)150g、ベーコン(拍子切り)500g、オリーブオイル適量(生地に塗る分)	350g	
ピザ	56℃	250℃	2時間&1時間／15〜20分	小麦粉(タイプ65)500g、ファリーヌ・グリュオー500g(または小麦粉[タイプ65]1kg)、水680g、ルヴァンリキッド200g、イースト10g、塩20g、オリーブオイル60g、砂糖30g、トマトソース400g、エメンタールチーズ400g、ハム8枚	1.8kg	
ヴィエノワーズリー						
ミルク風味の プチ・パン	56℃	200℃	30分&2時間／13〜15分	ファリーヌ・グリュオー1kg、牛乳450g、イースト40g、塩20g、バター250g、砂糖70g、溶き卵(ドリュール用)、パールシュガー(適量)	125g	
パン・ヴィエノワ	56℃	160℃	30分&1時間30分／30〜45分	小麦粉(タイプ65)500g、ファリーヌ・グリュオー500g(または小麦粉[タイプ65]1kg)、水450g、ルヴァンリキッド150g、イースト30g、塩20g、脱脂粉乳50g、バター150g、砂糖70g、溶き卵(ドリュール用)、チョコチップ200g(ヴィエノワーズ・ショコラの場合)	190g	
パン・オ・シュクル	56℃	200℃	30分&1時間30分／25分	小麦粉(タイプ65)1kg、水300g、ルヴァンリキッド200g、イースト6g、塩20g、赤砂糖100g、シロップ(赤砂糖100g＋水100g)、ひまわり油(成形用)	350g	
ブリオッシュ	56℃	170℃	2時間&1時間30分／25分	小麦粉(タイプ65)1kg、卵600g、ルヴァンリキッド150g、イースト40g、塩20g、バター500g、砂糖160g、バニラエクストラクト10g、溶き卵(ドリュール用)、パールシュガー、バター(型に塗る分)	300g／(ブリオシェット)120g	
パン・ブリオッシェ ／ブリオッシェ 食パン	56℃	180℃	30分&1時間30分／30分	小麦粉(タイプ65)1kg、水540g、ルヴァンリキッド150g、イースト40g、塩20g、脱脂粉乳50g、バター150g、砂糖70g、バター適量(型に塗る分)	1kg	

	基本温度	焼成温度	発酵時間 (一次発酵と二次発酵)／ 焼成時間	材料	1個あたりの 生地の重さ	memo
レーズンの ブノワトン	56℃	220℃	1時間&1時間30分／ 12〜15分	小麦粉(タイプ65)600g、ライ麦粉400g、水720g、ルヴァンリキッド150g、イースト20g、塩20g、コリントレーズン600g	80g	
クロワッサン		170℃	冷蔵する時間4時間、 二次発酵2時間／15分	小麦粉(タイプ65)1kg、水(10℃)440g、ルヴァンリキッド100g、卵2個(100g)、イースト40g、塩20g、砂糖120g、室温に戻したバター(練り込み用)50g＋バター(折り込み用)500g、溶き卵適量(ドリュール用)	60g	
パン・オ・ショコラ		170℃	冷蔵する時間4時間、 二次発酵2時間／15分	小麦粉(タイプ65)1kg、水(10℃)440g、ルヴァンリキッド100g、卵2個(100g)、イースト40g、塩20g、砂糖120g、室温に戻したバター(練り込み用)50g＋バター(折り込み用)500g、ビターチョコレート適量、溶き卵適量(ドリュール用)	80g	
バニラ風味の プチ・パン	56℃	200℃	1時間10分&1時間20分／ 15分	小麦粉(タイプ65)1kg、水500g、ルヴァンリキッド200g、菜種油60g、イースト14g、塩20g、赤砂糖160g、バニラビーンズ8本	60g	
パン・ド・ミ	56℃	170℃	30分&1時間30分／ 30〜40分	小麦粉(タイプ65)1kg、水560g、ルヴァンリキッド150g、イースト40g、塩20g、脱脂粉乳20g、バター80g、クレーム・エペス40g、砂糖80g、溶き卵適量(ドリュール用)、ピスタチオペースト80g(ピスタチオ風味のパン・ド・ミの場合)、バター適量(型に塗る分)	500g	
パン・オ・レザン		170℃	冷蔵する時間4時間、 二次発酵2時間／15分	小麦粉(タイプ65)1kg、水(10℃)440g、ルヴァンリキッド100g、卵2個(100g)、イースト40g、塩20g、砂糖120g、室温に戻したバター(練り込み用)50g＋バター(折り込み用)500g、溶き卵適量(ドリュール用)、カスタードクリーム(卵4個、砂糖220g、コーンスターチ100g、牛乳1kg、バニラビーンズ2本)、コリントレーズン300g(生地の重さの15%)	80g	

プチ・パン

	基本温度	焼成温度	発酵時間／焼成時間	材料	1個あたりの生地の重さ	memo
けしの実の プチ・パン	56℃	230℃	1時間30分&1時間30分／ 12〜13分	小麦粉(タイプ65)1kg、水640g、ルヴァンリキッド200g、イースト10g、塩20g、ローストしたけしの実200g＋ローストしていないけしの実(生地のトッピング)	60g	
ベーコンと ピーカンナッツの プチ・パン	56℃	230℃	1時間30分&1時間30分／ 12〜13分	小麦粉(タイプ65)1kg、水620g、ルヴァンリキッド200g、イースト10g、塩20g、ベーコン400g(生地の重さの20%)、ピーカンナッツ200g(生地の重さの10%)	60g	

	基本温度	焼成温度	発酵時間 (一次発酵と二次発酵)／ 焼成時間	材料	1個あたりの 生地の重さ	memo
ピストレ	56℃	230℃	1時間30分＆1時間30分／13分	小麦粉(タイプ65)1kg、水620g、ルヴァンリキッド200g、イースト6g、塩20g	75g	
カムット小麦の海藻プチ・パン	56℃	225℃	30分＆2時間／12〜13分	小麦粉(タイプ65)400g、カムット小麦600g、水600g、ルヴァンリキッド300g、イースト4g、塩20g、海草(乾燥)180g	50〜60g	
ヘーゼルナッツとチョコレートのプチ・パン	56℃	200℃	1時間＆1時間15分／15分	小麦粉(タイプ65)1kg、水550g、ルヴァンリキッド200g、イースト14g、塩20g、脱脂粉乳50g、砂糖70g、室温に戻したバター150g、溶き卵(ドリュール用)、ヘーゼルナッツ180g(生地の重さの10%)、ビターチョコレート180g(生地の重さの10%)	125g	
レーズンとくるみのプチ・パン	56℃	230℃	1時間＆1時間30分／15〜20分	小麦粉(タイプ65)500g、ライ麦粉500g、水700g、ルヴァンリキッド200g、イースト6g、塩20g、くるみとコリントレーズンのミックス200g(生地の重さの10%)	180g	
グリッシーニ	56℃	230℃	1時間＆45分／9分	小麦粉(タイプ65)1kg、水450g、ルヴァンリキッド100g、イースト10g、塩20g、オリーブオイル150g	60g	

フランス各地のパン

	基本温度	焼成温度	発酵時間 (一次発酵と二次発酵)／ 焼成時間	材料	1個あたりの 生地の重さ	memo
タバティエール (ジュラ地方)	56℃	250℃	オートリーズ1時間の後、45分＆1時間30分／24分(湿度の高い時期は25分)	小麦粉(タイプ65)1kg、水650g、ルヴァンリキッド200g、イースト5g、塩20g、ライ麦粉適量(成形用)	300g	
パン・フォンデュ (ベリー地方)	56℃	250℃	オートリーズ1時間の後、1時間＆1時間20分／20分	小麦粉(タイプ65)1kg、水650g、ルヴァンリキッド200g、イースト5g、塩20g	300g	
マルグリット (アルデッシュ地方)	56℃	260℃	1時間＆1時間30分／260℃で6分＋250℃で19分	小麦粉(タイプ65)900g、ライ麦粉100g、水650g、ルヴァンリキッド200g、イースト4g、塩20g	300g	いくつかの小さな丸パンからなるパンなので、みなでシェアするのにぴったり。
ポルトマントー (トゥールーズ)	56℃	250℃	オートリーズ1時間の後、1時間30分＆1時間40分／25分	小麦粉(タイプ65)1kg、水650g、ルヴァンリキッド200g、イースト6g、塩20g	300g	
トルデュ (ジェール県)	56℃	250℃	1時間30分＆1時間30分／18分	小麦粉(タイプ65)1kg、水620g、ルヴァンリキッド200g、イースト6g、塩20g	300g	
ヴィヴレ (ソーヌ＝エ＝ロワール県)	56℃	260℃	1時間30分＆1時間30分／260℃で6分＋250℃で19分	小麦粉(タイプ65)900g、ライ麦粉100g、水640g、ルヴァンリキッド200g、イースト4g、塩20g、ライ麦粉(成形用)	550g	美しいキャラメル色に焼き上がる。
クーロンヌ (リヨン)	56℃	260℃	1時間＆1時間30分／260℃で6分＋250℃で15分	小麦粉(タイプ65)900g、ライ麦粉100g、水650g、ルヴァンリキッド200g、イースト4g、塩20g、ライ麦粉(成形用)	930g	美しいキャラメル色に焼き上がる。
パン・デクス (エクス＝アン＝プロヴァンス)	56℃	250℃	2時間＆1時間20分／260℃で6分＋250℃で19分	小麦粉(タイプ65)900g、ライ麦粉100g、水640g、ルヴァンリキッド200g、イースト4g、塩20g	550g	美しいキャラメル色に焼き上がる。

	基本温度	焼成温度	発酵時間 （一次発酵と二次発酵）／ 焼成時間	材料	1個あたりの 生地の重さ	memo
世界のパン						
ローズマリーの フォカッチャ （イタリア）	56℃	240℃	2時間＆1時間30分／15分	小麦粉（タイプ65）1kg、水660g、ルヴァンリキッド200g、イースト14g、塩20g、オリーブオイル60g、ローズマリー（生）	940g	
マカティア （レユニオン島）	56℃	230℃	2時間＆2時間／15分	小麦粉（タイプ65）500g、ファリーヌ・グリュオー500g（または小麦粉［タイプ65］1kg）、水450g、ルヴァンリキッド200g、イースト20g、塩20g、赤砂糖250g、オレンジフラワーウォーター120g、バニラエクストラクト20g、ピーナッツオイル（成形用）	60g	
エクメック （トルコ）	56℃	240℃	1時間＆2時間／20分	小麦粉（タイプ65）1kg、水550g、ルヴァンリキッド200g、イースト3g、塩20g、オリーブオイル80g、はちみつ150g／＜バリエーション＞：ドライラズベリー200g、黒ごま100g	600g	
プンパニッケル （ドイツ）		110℃	1時間＆16〜20時間／ 6時間	ライ麦全粒粉（タイプ170）600g、全粒粉（タイプ150）300g、ブルグル（ゆでたもの）100g、水（25℃）1kg、ルヴァンリキッド240g、塩20g、はちみつ120g、シードミックス（アニス、コリアンダー、フェンネル、キャラウェイシード）80g、バター（型に塗る分）	2.460kg	
ブロア （ポルトガル）	56℃	250℃	1時間＆1時間10分／25分	小麦粉（タイプ65）500g、コーンフラワー500g、水590g、ルヴァンリキッド200g、イースト4g、塩20g、菜種油60g	300g	
ベーグル （カナダ＆アメリカ合衆国）	56℃	240℃	1時間＆30分／15分	小麦粉（タイプ65）1kg、水400g、ルヴァンリキッド200g、イースト10g、塩20g、砂糖40g、バター50g、卵2個＋溶き卵適量（ドリュール）／＜バリエーション＞：けしの実 適宜、ごま 適宜（ともにトッピング用）	90g	片面1分半ずつゆでてから窯入れする。
バンズ （アメリカ合衆国）	56℃	170℃	1時間＆2時間／14分	小麦粉（タイプ65）1kg、水400g、ルヴァンリキッド200g、イースト24g、塩20g、脱脂粉乳50g、砂糖70g、室温に戻したバター100g、卵黄150g、ひまわり油100g	100g	
パン・ヴォドワ （スイス）	56℃	260℃	2時間＆1時間30分／ 260℃で6分＋ 250℃で19分	小麦粉（タイプ65）900g、ライ麦粉100g、水640g、ルヴァンリキッド200g、イースト4g、塩20g	300g	

Glossaire

用語集

Abaisse

アベッス：めん棒または手で薄くのばした生地。

Amylase

アミラーゼ：粉に含まれている酵素で、デンプンを発酵性糖類に分解。この糖類が発酵の際に主に炭酸ガスとアルコールに変わる。

Apprêt

二次発酵：生地を分割したあと、釜入れするまでの間の2度目の発酵。

Autolyse

オートリーズ：正式なミキシングの前に、パン生地の粉と水を休ませる前発酵にあたる。このオートリーズ法を用いることで、生地のテクスチャーが改善され、より作業しやすくなり、生地の発達が最適化される。

Banneton

バヌトン（発酵カゴ）：籐製のカゴ（一般的には布でおおわれている）。二次発酵の際に用いる。

Bassiner

生地を湿らせる：ミキシングの際、加水が明らかに足りない時に生地に水を加えること。

Bâtard

バタール：ブーランジュリーの定義では、バゲットよりは大きいが、1kgのパンよりは小さく、形は長くも丸くもない。パン作りにおいて、"バタール"とは、成形の際に生地に施される形、細長く少しくらみのある形のことを指す。

Bouler

丸形にする：生地をひとまとめにする、または分割した生地を丸形に丸めること。

Buée（coup de buée）

水蒸気（を発生させる）：窯入れの直前に、予熱の際に温めておいた天板に少量の水を広げ、温かいスチームを発生させること。このスチームは、生地の最終発達と焼成を助ける。

Clé

カギ：丸形または細長く成形された生地の閉じ目、つなぎ目（soudure）とも呼ぶ。

Contre-frasage

逆粉合わせ：Frasage参照

Couche

寝床：粉をふったリネン（またはキャンバス地）の布。二次発酵の際に、この上に生地を並べる。布に畝を作ることで生地どうしがくっついてしまうのを防ぎ（布どり）、「生焼け部分」ができない。

Dégazer

ガス抜き：一次発酵と生地を休ませる際に炭酸ガスが発生し、生地に含まれる。この炭酸ガスの一部を、生地を成形する時に抜くこと。

Détailler

分割：一次発酵のあと、生地を等分に切り分け、希望する重さの生地にすること。分割の後、発酵は切り分けた生地の単位で行われる。

Détente

生地を休ませること：生地を分割したあと、休ませる時間。ベンチタイムと言うことも。

Façonnage

成形：分割のあとに行う作業で、生地を最終的なフォルムに形作ること。

Fermentation

発酵：粉に含まれる糖分が、嫌気性（空気がない）の環境で、酵母の活動と酵素（Amylase参照）の働きにより化学変化を起こすこと。パンの発酵は、酵母によって、単糖（グルコース、マルトーズ）が炭酸ガスとアルコールを産出することによる。生地の膨張は、炭酸ガスの発生によるものである。パンの発酵は、塊のままでの一次発酵と、分割後の生地の発展にかかわる二次発酵の2段階を経る。

Force

強さ：生地の強さは、その柔軟性と伸張性によって特徴づけられる。強さのないパンは、柔らかすぎ、のびすぎる。逆に、強さが過度の生地は、弾性に富みすぎ、もはや作業できない。

Frasage

粉合わせ：ミキシングの第一段階。材料（粉、水、酵母とイースト［または酵母だけかイーストだけ］、塩）を作業台（またはボウル）に盛り、手で混ぜ合わせる。卓上ミキサーの場合は、低速で回して混ぜる。逆粉合わせは、こねの最後に粉を再び加える。

Gluten

グルテン：パンの原料になる穀物に多く含まれるタンパク性の物質（主にグリアジンとグルテニン）を指す。ミキシングの際に水と接触すると、タンパク質叢を形成し、これがガスの発生を抑制し、パンの膨張を可能にする。

Grigne

切り込み：オーブンに入れる前に生地に施す切れ込み。カミソリまたはカッターの刃、あるいは鋭利な包丁で行う。「耳」または「サクリフィカション」とも言う。切り込みは、ブーランジェにとっては、自分のパンに「サインを施す」方法である。Lamerも参照のこと。

Lamer

クープ：生地にナイフで1本または複数の切り込みを入れ、焼成の際に炭酸ガスが逃げるようにすること。一般的に、クープはオーブンに入れる直前に施す。

Levain

発酵種：パンの原料となる粉と水に塩を加えた（または塩を加えてない）混合物で、「天然の酸性化する発酵を受ける。その役割は生地の膨張を確実にすることである」（フランス、1993年9月13日付、「パン」に関する政令）。

Levure de boulanger

パン酵母（イースト）：単細胞の菌（ラテン語名Saccharomyces cerevisiae、サッカロミセス・セレヴィシエ）で、糖質の環境下で、きわめて高速度で増殖してその数を増し、糖質を生地のふくらみを担う炭酸ガスに変える。

Pétrissée

仕込み量：ボウルの中で作業する生地の量。

Pointage

一次発酵：こね始めとともに始まり、生地の分割と成形する前まで続く。室温でなされ、冷却期間を含む場合もある。

Poolish

ポーリッシュ：液状の発酵種。同等の分量の水と粉の混合物に生イーストを加えて仕込む。

Pousse

発酵：fermentationと同義語。

Rabat（donner un rabat）

折り返し：生地をたたみ、タンパク質叢を締めつけ、生地の伸張を向上させる。従って、生地はより強さを獲得する。生地は二次発酵と焼成の際に、よりバランスよく発展する。

Rafraichir

リフレッシュ：粉と水の決定量を発酵種にもたらすことで、発酵種など、微生物の分解者を活発化させる、または「養う」こと。

Rassissement

老化：時の経過とともに、パンに含まれる水分が失われていくこと。このプロセスのあと、パンのテクスチャーはそこなわれ、風味も変わる。

Ressuage

クーリングロス：オーブンから出したパンが、水分を失い続けながら冷める期間。

Son

ふすま：挽き時に、つけたまま、または外した、小麦粒の外側部分。

Soudure

つなぎ目（閉じ目）：Clé参照。

Taux de cendres

灰分：灰量、粉のタイプを決定する指標。粉を900℃の温度で燃焼したあとに、残ったミネラル分で表される。この率が高いほど、粉は粒の外皮を多く含み、いわゆるより「完全（complet）」である。

Taux d'extraction

歩留り：粉をひく時に製粉業者が取り出す粉の量。

Taux d'hydratation（TH）

加水率：レシピで指定された粉の量に対する水の割合。

Température de base

基本温度：室温に粉と水の温度を加えて算出した温度。この温度がこねたあとの生地の温度を左右する（通常24〜25℃）。

Type de farine

粉の種類：Taux de cendres参照。

Index
インデックス

メゾンカイザーのパンレシピ

とっておきのパン&ヴィエノワーズリー95のレシピ

2016年9月25日　初版第1刷発行
2017年7月25日　初版第2刷発行
2020年4月25日　初版第3刷発行
2023年10月25日　初版第4刷発行

著者　　エリック・カイザー（© Éric Kayser）
発行者　西川正伸
発行所　株式会社グラフィック社
　　　　102-0073 東京都千代田区九段北1-14-17
　　　　TEL: 03-3263-4318　FAX: 03-3263-5297
　　　　http://www.graphicsha.co.jp
　　　　郵便振替: 00130-6-114345

日本語版制作スタッフ
監修：木村周一郎
翻訳：柴田里芽
組版・カバーデザイン：杉本瑠美
編集：鶴留聖代
制作・進行：本木貴子（グラフィック社）
印刷・製本：図書印刷株式会社

ISBN978-4-7661-2905-2 C2077
Printed in Japan